Lexique de Termes Anglais Français de Gestion

Glossary of French and English Management Terms

Lexique de Termes Anglais Français de Gestion

by/par

JAMES COVENEY

Professor of Modern Languages
University of Bath
Professeur de langues vivantes
Université de Bath

and/et

SHEILA J. MOORE

Lecturer in Business Studies
Farnborough Technical College
Professeur de 'business studies'
Farnborough Technical College

LONGMAN

Longman Group Limited
Longman House
Burnt Mill, Harlow, Essex.

© Longman Group Ltd 1972

First published 1972
Eighth impression 1981
ISBN 0 582 55502 7

Printed in Hong Kong by
Commonwealth Printing Press Ltd

Preface

One of the most significant developments in the
United Kingdom and Europe during the last decade
has been the growing professionalisation of business
and industrial management. This new profession has
been increasingly recognized as a key determinant
of corporate profitability, and by extension – in the
highly industrialised countries of the Western World
– as a major factor influencing the competitiveness
and solvency of whole national economies.

This trend toward professionalism in management
has in turn led to other developments: the
development of higher professional standards and
ethics; the development of new and more sophisticated
management concepts and techniques; and finally the
development of a whole new vocabulary – or, as some
call it, a new 'jargon'. Whether it is called a jargon or
vocabulary is immaterial. What is more important is
that this new vocabulary is an essential element of
this growing new profession. It is essential for
practising managers to communicate with each other;
for teachers of management to teach the next
generation of managers; and for both to be able to
communicate across national boundaries with their
counterparts in other countries.

It is this last point that makes the new *Glossary of
French and English Management Terms* produced by
Professor Coveney and Mrs Moore so timely and
important. Of all the recognized professions – e.g.
law, medicine, architecture, the military services –
management is by a wide margin the most
international, and becoming even more so all the
time. The main reason for this of course is the
emergence of the so-called 'transnational' or
'multinational' industrial and commercial corporations
during recent years. Managers of all nationalities
must therefore become equally multinational in their
thinking and skills – unlike, for example, lawyers
who are limited to practising within the legal system
of one country. And not the least of these skills is to
command their professional vocabulary in several
different languages.

This Glossary is the most comprehensive and
up-to-date compilation of English/French management
terms now available. As other lexicographers have

found, it was not easy to decide which terms to include and which to leave out; how to find accurate equivalents in another language for terms that originated in the unique conditions of a particular country; and above all how to reflect accurately the many subtle nuances between different national cultures that are reflected in their respective languages. Some of these difficulties – and how they have dealt with them – are described by Professor Coveney and Mrs Moore in their introduction.

I can only add my own conviction that this excellent new English/French Glossary – and any later sequels that may follow in other languages – will become increasingly indispensable to all professional managers in the 1970s and beyond.

Hugh Parker
Managing Director,
McKinsey & Company, Inc., London

L'un des plus importants développements qu'ont connu la Grande Bretagne et le continent européen au cours de la dernière décennie a été l'acquisition d'un caractère professionnel de plus en plus marqué par la gestion des affaires. Cette nouvelle profession est de plus en plus considérée comme un facteur-clé dans la rentabilité de l'entreprise et par extension – dans les pays hautement industrialisés du monde occidental – comme un élément majeur qui influe sur la compétitivité et la solvabilité de l'ensemble d'une économie nationale.

Cette tendance au professionnalisme dans la gestion des entreprises a de son côté produit d'autres développements: le développement de normes et d'une éthique plus professionelles; l'apparition de nouveaux concepts et de nouvelles techniques de gestion plus complexes; finalement, la naissance et la croissance d'une terminologie toute nouvelle, d'un nouveau 'jargon' comme certains l'appellent. Peu importe si on l'appelle jargon ou terminologie. Ce qui est plus important c'est que cette nouvelle terminologie soit un élément essentiel de cette nouvelle profession grandissante. Il importe que les managers en activité puissent communiquer entre eux, que les professeurs de gestion puissent enseigner à la nouvelle génération de managers, et qu'ils

puisse communiquer à travers les frontières
nationales avec leurs homologues étrangers.

C'est ce dernier point qui rend le nouveau *Lexique
de termes anglais français de gestion* préparé par
Professor Coveney et Mrs Moore si opportun et si
important. De toutes les branches d'activité
professionnelles acceptées – par exemple, le droit, la
médecine, l'architecture, les armées – la gestion des
entreprises est de beaucoup la plus internationale, et
avec le temps elle le devient de plus en plus. La raison
principale en est, bien entendu, la récente création
d'entreprises industrielles et commerciales appelées
'transnationales' ou 'multinationales'. Les managers
de toute nationalité doivent par conséquent devenir
également multinationaux quant à leurs façons de
penser et leurs méthodes – ce qui n'est pas le cas, par
exemple, des juristes qui, eux, sont astreints à
travailler à l'intérieur du système légal d'un seul pays.
La connaissance en plusieurs langues de la
terminologie propre à leur profession n'est pas une
méthode de seconde importance.

Ce lexique est le recueil des termes anglais/français
le plus clair et le plus à jour qui existe. Comme
d'autres lexicographes l'ont constaté, il n'a pas été
facile de choisir ou d'exclure tel ou tel terme, de
trouver des équivalents précis dans une autre langue
pour des termes qui sont nés dans les conditions
particulières à un pays, et surtout de rendre avec
précision les nombreuses nuances entre les diverses
cultures nationales qui sont reproduites dans les
langues correspondantes. Certaines de ces difficultés
– et la façon dont elles ont été surmontées – sont
décrites par Professor Coveney et Mrs Moore dans
leur introduction.

Je voudrais enfin exprimer la conviction que ce
nouveau lexique anglais/français d'excellente qualité
– et d'autres qui suivront dans d'autres langues –
deviendra de plus en plus nécessaire à tous les
managers professionnels dans les années 70 et au-delà.

Hugh Parker
Managing Director,
McKinsey & Company, Inc., London.

Introduction

This glossary, compiled with the aid of a grant from
the McKinsey Foundation for Management Research,
is an attempt to fill a gap that clearly exists: the rapid
growth of the management sciences in the last two
decades has resulted in the coining of many new
terms to describe new techniques and concepts which
are not found in English—French and
French—English dictionaries.

The terms included have been drawn from the
main areas of management interest: business policy
and corporate planning, computer techniques, finance,
marketing, operational research, personnel
management and, to a lesser degree, production. We
have tried to keep a proper balance by not
over-emphasizing any one area. Generally speaking,
terms which can be found in standard or commercial
dictionaries have been excluded.

In selecting terms for inclusion it was decided to
give priority to the broader and more general concepts
over the more technical and specialised terms in
management. We also decided to restrict the size of
the glossary, so that it could be slipped into a
businessman's briefcase; since the scope of the
subject is very wide, we have therefore selected only
those terms in most frequent use. We are conscious
of our fallibility in selecting such terms and would
be grateful if users could inform us of any obvious
omissions.

In certain cases we have come up against the
untranslatable, where an exact equivalent does not
exist for a particular term in the other language.
In such cases, an approximate translation has been
given in italics.

To help the user we have listed the majority of
terms under all the words which occur in that term.
Much time could otherwise be wasted in trying to
find a term.

The use of 'franglais' presented a problem: where a
'franglais' term (e.g. 'le cash flow') is acceptable in
French management circles it has been given as the
equivalent in French; otherwise the normal French
term is given. The 'franglais' terms included have been
checked against the terms examined by the Comité
d'étude des termes techniques français and, in general,
we are in line with its recommendations. We should
like to thank Monsieur P. Agron, Secrétaire général

of that Committee for supplying us with information.

No doubt some users of this glossary, both in anglophone and francophone countries, will criticize or disagree with the translations we have given; we should be pleased to receive proposed alternatives for inclusion in a revised edition.

We should like to record our thanks to the many British and French firms, including members of the Chambre de Commerce Française de Grande-Bretagne, for providing us with helpful suggestions. We wish to thank in particular the following British firms: Babcock & Wilcox Ltd, Beecham Group Ltd, The Bowater Paper Corporation Ltd, British Leyland Motor Corporation Ltd, Caterpillar Tractor Co. Ltd, Imperial Chemical Industries, International Computers Ltd, J. Lyons & Company Ltd, The Peninsular and Oriental Steam Navigation Company, The Plessey Company Ltd, The Rio Tinto-Zinc Corporation Ltd, and Tube Investments Ltd. We are also very grateful to the staff of the British Institute of Management for helping us to gauge the frequency of use of English management terms, and to the staff of the London and Paris offices of McKinsey & Company Inc. for much advice.

We also wish to thank the following French firms for the time and effort they spared to assist us in our undertaking: D.B.A., Fiat France, I.B.M. France, Kodak-Pathé, Massey Ferguson, Oréal, Pechiney, Pechiney-Saint Gobain, Penarroya, S.N.E.C.M.A., Ugine Kuhlmann, and Wendel Sidelor.

Our thanks also go to Professor R. E. Thomas and the staff of the School of Management of the University of Bath for their helpful advice and suggestions, and to Mrs L. C. Creese who typed the manuscript.

James Coveney
Sheila J. Moore

Ce lexique, préparé grâce à l'aide de crédits fournis par la McKinsey Foundation for Management Research, se propose de combler une lacune: au cours des vingt dernières années le développement rapide des sciences de la gestion a donné naissance à de nombreux termes nouveaux pour désigner des techniques et des idées nouvelles; ces termes ne se trouvent pas dans les dictionnaires anglais—français ou francais—anglais.

Les termes du lexique ont été choisis dans les secteurs les plus importants de la gestion: politique générale de l'entreprise, planification de l'entreprise, techniques de l'emploi de l'ordinateur, finance, marketing, recherche opérationnelle, direction du personnel et, à un moindre degré, production. Pour éviter tout déséquilibre nous n'avons souligné aucun secteur particulier plus qu'un autre. En général, nous avons écarté les termes qui se trouvent dans les dictionnaires classiques ou commerciaux.

En choisissant les termes nous avons décidé de donner la priorité aux concepts larges et généraux plutôt qu'aux termes techniques et spécialisés. D'autre part, nous avons décidé de préparer un lexique dont le format puisse entrer dans la serviette d'un homme d'affaires; à cette fin, et étant donnée l'étendue du domaine étudié, nous avons choisi seulement les termes les plus fréquemment employés. Nous serions heureux d'être informés par les utilisateurs des lacunes importantes que nous aurions pu laisser passer.

Dans certains cas nous nous sommes trouvés devant l'intraduisible, l'équivalent direct de tel ou tel terme n'existant pas dans l'autre langue; une traduction approximative est alors donnée en italiques.

Afin de rendre le glossaire facile à manier il contient, dans la plupart des cas, tous les mots qui forment tel ou tel terme; cette précaution évite toute perte de temps qui pourrait naître de la recherche d'un terme.

Le 'franglais' a présenté un problème: lorsqu'un terme 'franglais' (par exemple, 'le cash flow') est accepté dans les milieux français de gestion il est donné comme l'équivalent en français du terme anglais, sinon le terme français habituel est donné. Les termes 'franglais' insérés ont été comparés avec les termes examinés par le Comité d'étude des termes techniques français et, en général, nous suivons les recommandations du Comité. Nous tenons à remercier Monsieur P. Agron, Secrétaire général du Comité, de nous avoir fourni ces renseignements.

Certains utilisateurs de ce lexique, tant dans les pays anglophones que francophones, auront sans doute des critiques à faire ou ne seront pas en accord avec les traductions proposées; nous serons très heureux de recevoir des suggestions qui seraient incorporées dans une nouvelle édition revue du lexique.

Nous tenons à remercier les nombreuses entreprises

anglaises et françaises, ainsi que les membres de la
Chambre de Commerce Française de Grande-Bretagne,
de nous avoir fait des suggestions utiles. Nous voulons
remercier tout particulièrement les firmes anglaises
suivantes: Babcock & Wilcox Ltd, Beecham Group
Ltd, The Bowater Paper Corporation Ltd, British
Leyland Motor Corporation Ltd, Caterpillar Tractor
Co. Ltd, Imperial Chemical Industries, International
Computers Ltd, J. Lyons & Company Ltd, The
Peninsular and Oriental Steam Navigation Company,
The Plessey Company Ltd, The Rio Tinto-Zinc
Corporation Ltd, et Tube Investments Ltd. Nous
sommes également très reconnaissants au personnel
du British Institute of Management de nous avoir
aidés à établir la fréquence d'emploi des termes anglais
de gestion, et au personnel des bureaux de Londres et
de Paris de McKinsey & Company Inc., de ses
précieux conseils.

Nous voulons remercier également les firmes
françaises suivantes de nous avoir donné de leur
temps et de nous avoir aidés à mener notre entreprise
à terme: D.B.A., Fiat France, I.B.M. France,
Kodak-Pathé, Massey Ferguson, Oréal, Pechiney,
Pechiney-Saint Gobain, Penarroya, S.N.E.C.M.A.,
Ugine Kuhlmann, et Wendel Sidelor.

Nous remercions enfin Professor R. E. Thomas et le
personnel de la School of Management de l'Université
de Bath de leurs suggestions et conseils très précieux,
ainsi que Mrs L. C. Creese qui a dactylographié le
texte.

James Coveney
Sheila J. Moore

Note/nota

Terms marked with an asterisk do not have an exact equivalent in the other language; an approximate translation is given in italics.

Un terme suivi d'un astérisque n'a pas un équivalent direct dans l'autre langue; une traduction approximative est donnée en italiques.

ENGLISH	FRENCH
A	
ADP (automatic data processing)	traitement automatique des données
absenteeism	absentéisme
absorption costing	coût d'absorption
	coût complet
abandonment:	
product—	suppression d'un produit
acceptance:	
brand—	acceptabilité de la marque
consumer—	réceptivité des consommateurs
access:	
multi—	accès multiple
random—	accès sélectif
accountability	ressort
accountant:	
chief—	chef comptable
accounting:	
—department	services comptables
—model	modèle comptable
—period	exercice (financier)
	exercice (social)
—ratio	ratio comptable
cost—	comptabilité analytique
	comptabilité de prix de revient
management—	comptabilité de gestion
profit centre—	comptabilité par centres de profit
responsibility—	comptabilité des sections
accounts:	
consolidated—	bilan consolidé
group—	comptes de groupe
acquisition	acquisition
	achat
—profile	profil d'acquisition
data—	saisie de données
	acquisition de données
action plan	plan d'action
activate (to—)	activer
activity:	
—chart	graphique des activités

1

actualisation

—sampling	mesure du travail par sondage
support—	fonctions complémentaires

actualisation:
self—	autoréalisation
adaptive control	contrôle adaptif

added:
value—	valeur ajoutée
— — tax (VAT)	taxe à la valeur ajoutée (TVA)
administration	administration
	gestion
financial—	gestion financière

administrative:
—control procedure	procédé de contrôle de gestion
—overheads	frais généraux d'administration
—theory	théorie administrative

advancement:
executive—	promotion des cadres
	auto-développement

advantage:
competitive—	avantage concurrentiel

advertising:
—agent	agent de publicité
—appropriation	dotations budgétaires affectées à la publicité
—budget	budget de publicité
—campaign	campagne de publicité
—drive	campagne de publicité
—effectiveness	efficacité publicitaire
—manager	directeur de la publicité
—media	média publicitaires
	supports publicitaires
—message	message publicitaire
—research	études publicitaires
—theme	thème publicitaire
corporate—	publicité de prestige
product—	publicité de produits
subliminal—	publicité subliminale
advisory services	services de conseil interne
affiliate company	société affiliée
	société apparentée
after-sales service	service après-vente

agent:
advertising—	agent de publicité
sole—	agent commercial exclusif

agreement:	
collective bargaining—	convention collective
productivity—*	*accord sur la sécurité de l'emploi*
	contrat de productivité
algorithm	algorithme
allocation:	
—of costs	imputation des charges
	affectation des charges
—of responsibilities	répartition des responsabilités
resource—	allocation des ressources
	affectation des ressources
allowance:	
depreciation—	provision pour amortissement
amalgamation	fusion
	absorption
analogue:	
—computer	ordinateur analogique
—representation	représentation analogique
analysis:	
breakeven—	étude de point mort
competitor—	analyse des concurrents
contribution—	analyse des contributions (à la marge)
cost—	étude des charges
	analyse du prix de revient
cost-benefit—(CBA)	analyse coût-profit
	analyse des avantages-coûts
cost, volume, profit—	analyse volume-coûts-profits
critical path—(CPA)	analyse du chemin critique
decision—	analyse de la décision
depth—	analyse en profondeur
financial—	analyse financière
	diagnostic financier
functional—	analyse fonctionnelle (AF)
input-output—	analyse entrées sorties
investment—	analyse des investissements
	étude de rentabilité
job—	analyse des tâches
	analyse des postes de travail
marginal—	analyse marginale
media—	analyse de média
morphological—	analyse morphologique
needs—	analyse des besoins
network—	analyse de réseau
problem—	analyse de problème
product—	analyse de produit

profit factor—	analyse des facteurs de profit
profitability—	analyse de la rentabilité
project—	étude de projet
regression—	(analyse de) régression
multiple——(MRA)	régression multiple
risk—	analyse des risques
sales—	analyse des ventes
sensitivity—	analyse de sensibilité
sequential—	analyse séquentielle
skills—	analyse des aptitudes
systems—	analyse des systèmes
value—(VA)	analyse de la valeur
variance—	analyse des écarts
analytical training	formation par étapes
ancillary operations	services d'intendance
anticipatory response*	*anticipation stratégique*
appeal:	
sales—	attraction commerciale
apportionment	imputation
	affectation
appraisal	estimation
	évaluation
	expertise
capital	évaluation des dépenses
expenditure—	d'investissement
financial—	évaluation financière
investment—	appréciation des
	investissements
market—	évaluation du marché
performance—	appréciation des performances
self—	auto-critique
approach:	
systems—	approche par la théorie des
	systèmes
top management—	optique de la direction
	générale
appropriation:	
advertising—	dotations budgétaires affectées
	à la publicité
budget—	affectations budgétaires
marketing—	dotations budgétaires affectées
	au marketing
aptitude test	test d'aptitude
arbitration	arbitrage
area:	
growth—	secteur de croissance
product—	domaine de produits

4

problem—	domaine problématique
	zone critique
sales—	territoire de vente
trading—	territoire de vente
assembly line	chaîne de montage
assessment	(1) évaluation
	appréciation
	(2) imposition
	assiette
demand—	évaluation de la demande
project—	évaluation de projet
risk—	appréciation des risques
asset:	
—turnover	rotation des capitaux
—value	valeurs des actifs
assets	actif
	avoirs
	ressources
current—	actif circulant
	actif réalisable
net——	fonds de roulement net
earnings on—	rendement des fonds propres
fixed—	valeurs immobilisées
	capitaux permanents
intangible—	valeurs incorporelles
	actif immatériel
liquid—	actif réalisable
	actif disponible
	liquidités
net—	valeurs nettes
	actif net
quick—	actif négociable
	actif disponible
revaluation of—	réévaluation des actifs
tangible—	valeurs matérielles
	valeurs tangibles
assignment:	
job—	affectation des tâches
assistant:	
—manager	sous-directeur
—to manager	fonctionnel
line—	attaché opérationnel
staff—	attaché fonctionnel
associate company	société affiliée
	société apparentée
association:	
trade—*	*organisation professionnelle*

attitude:	
—survey	enquête d'opinion
user—	attitudes des utilisateurs
audit (to—)	vérifier un compte
	apurer un compte
audit	(1) vérification des comptes
	(2) contrôle
	audit
internal—	audit interne
	contrôle interne
management—	contrôle de gestion
	diagnostic d'évaluation de gestion
manpower—	inventaire des effectifs
operations—	contrôle de gestion
	contrôle des opérations
auditing:	
balance sheet—	contrôle du bilan
auditor	commissaire aux comptes
authorised capital	capital social
	capital nominal
authority:	
—structure	structure d'autorité
contraction of—	limitation d'autorité
line—	autorité hiérarchique
automatic data processing (ADP)	traitement automatique des données (TAD)
automation	automatisation
	automation
average cost	coût moyen
awareness:	
brand—	notoriété de la marque
cost—	connaissance des coûts

B

balance sheet auditing	contrôle du bilan
bank:	
computer—	fichier central
	banque de données
data—	fichier central
	banque de données
safety—	stock de sécurité
bar chart	diagramme en bâtons
	graphique à tuyaux d'orgue
bargaining:	
collective—	négociations collectives
plant—*	*négociations au niveau local*

productivity—*	*négociations des contrats de productivité*

batch:
—control	contrôle par lots
—processing	traitement par lots
—production	fabrication par lots
economic—quantity	effectif de série économique

behaviour:
buying—	comportement d'achat
consumer—	comportement du consommateur

behavioural science	science du comportement
benchmark	repère

benefit:
cost—analysis (CBA)	analyse coût-profit
	analyse des avantages-coûts

benefits:
fringe—	avantages sociaux
	avantages annexes

bid:
takeover—	offre publique d'achat (OPA)

board:
—control	contrôle du conseil d'administration
—meeting	réunion du conseil d'administration
—of directors	direction générale
—room	salle du conseil
executive—	conseil de direction
	conseil d'administration

bonus:
—scheme	programme de primes d'encouragement
group—	prime collective
	prime d'équipe
premium—	salaire à prime de rendement

book value	valeur comptable
booster training	recyclage
borrowing facility	sources d'emprunt
brains-trust	brain-trust
brainstorming	brainstorming
	sessions intensives
branch office	services de branche
brand	marque
—acceptance	acceptabilité de la marque
—awareness	notoriété de la marque
—image	image de marque
—loyalty	fidélité à la marque

—manager	chef de marque
—recognition	identification d'une marque
—strategy	stratégie de la marque
breakdown:	
operations—	décomposition des tâches
break-even:	
—analysis	étude de point mort
—point	seuil de rentabilité
	point mort
	point critique
break-through	nouveauté
	innovation
break-up value	valeur de récupération
briefing	briefing
	établissement de dossier
broker	courtier
software—	courtier en software
budget	budget
—appropriations	affectations budgétaires
—constraint	contrainte budgétaire
—forecasting	prévision budgétaire
—standards	standards budgétaires
advertising—	budget de publicité
capital—	budget d'investissement
	budget d'équipement
cash—	budget de trésorerie
flexible—	budget flexible
investment—	budget d'investissement
marketing—	budget de marketing
sales—	budget commercial
budgetary control	contrôle budgétaire
budgeting	budgétisation
	établissement des budgets
	comptabilité budgétaire
—control	contrôle budgétaire
capital—	budgétisation des investissements
	prévision des dépenses d'investissement
cash—	préparation des budgets de trésorerie
	prévision de trésorerie
output—*	
performance—*	
planning	*rationalisation des choix*
programming—	*budgétaires (RCB)*
system* (PPBS)	
programme—*	

8

buffer stock	stock tampon
business:	
—cycle	cycle économique
—economist	économiste d'entreprise
—forecasting	prévision dans l'entreprise
—game	simulation de gestion
	jeu d'entreprise
—management	gestion des affaires
—policy	politique générale de l'entreprise
—relations	relations d'affaires
—strategy	stratégie des affaires
buyer:	
chief—	chef d'approvisionnement
potential—	acheteur potentiel
buyers' market	marché à la baisse
buying behaviour	comportement d'achat
by-product	sous-produit

C

CBA (cost-benefit analysis)	analyse coût-profit
	analyse des avantages-coûts
COINS (computerised information system)	système d'information par ordinateur
CPA (critical path analysis)	analyse du chemin critique
CPM (critical path method)	méthode du chemin critique
CWM (clerical work measurement)	chronométrage des travaux administratifs
campaign:	
advertising—	campagne de publicité
productivity—	campagne de productivité
canvass (to—)	prospecter
capacity:	
—utilisation	utilisation de la capacité
excess—	surcapacité
manufacturing—	capacité de production
plant—	capacité de l'usine
capital:	
—budget	budget d'investissement
	budget d'équipement
—budgeting	budgétisation des investissements
	prévision des dépenses d'investissement
—commitment	engagement d'investissement

9

—employed	capital investi
return on—— (ROCE)	rentabilité des capitaux investis (RCI)
—expenditure appraisal	évaluation des dépenses d'investissement
—formation	formation de capital
—goods	biens d'équipement
—intensive	capitalistique
—-output ratio	ratio d'intensité de capital
—project evaluation	étude de projet d'investissement
—raising	mobilisation de fonds
—rationing	rationnement de capitaux
—structure	répartition de capitaux
authorised—	capital social
	capital nominal
circulating—	capitaux circulants
	capitaux roulants
issued—	capital émis
	capital souscrit
loan—	capital d'emprunt
return on—	rendement de capital
risk—	capital risques
share—	capital actions
venture—	commandite
	capital-créateur
working—	fonds de roulement
capitalisation	capitalisation
capitalise (to—)	capitaliser
capitalised:	
over—	surcapitalisé
under—	sous-capitalisé
career planning	plan de carrière
cartel	cartel
case study	étude de cas
cash:	
—budget	budget de trésorerie
—budgeting	préparation des budgets de trésorerie
	prévision de trésorerie
—flow	cash flow
	produit disponible
discounted—— (DCF)	cash flow actualisé
	méthode DCF
incremental——	cash flow marginal
—management	gestion de trésorerie
—ratio	ratio de trésorerie
	coefficient de trésorerie

centralisation	centralisation
centre:	
computer—	centre de calcul
cost—	centre de coût
profit—	centre de profit
——accounting	comptabilité par centres de profit
chain:	
—of command	hiérarchie de commandement
—of distribution	circuit de distribution
chairman	président
(if also an executive)	président-directeur général (PDG)
deputy—	vice-président
vice—	vice-président
challenge:	
job—	exigences de poste
change:	
organisational—	mutation des structures
channels:	
—of communication	voies de communication
	canaux de communication
—of distribution	canaux de distribution
chart:	
activity—	graphique des activités
bar—	diagramme en bâtons
	graphique à tuyaux d'orgue
flow—	diagramme de circulation
flow process—	diagramme de circulation
management—	tableau de bord
organisation—	organigramme
pie—	graphique circulaire
Z—	diagramme en Z
	graphique en dents de scie
chief:	
—accountant	chef comptable
—buyer	chef d'approvisionnement
—executive	directeur général
circulating capital	capitaux circulants
	capitaux roulants
classification:	
job—	classification des fonctions
clerical work measurement (CWM)	chronométrage des travaux administratifs
closed loop	boucle fermée
closed shop*	*pratique restrictive de recrutement imposée par les syndicats*

11

closing down cost	frais de liquidation
collective bargaining	négociations collectives
collusion	collusion
command:	
chain of—	hiérarchie de commandement
line of—	voie hiérarchique
	hiérarchie
commitment:	
capital—	engagement d'investissement
common language	langage commun
communication:	
—s network	réseau de communications
—theory	théorie des communications
channels of—	voies de communication
	canaux de communication
company:	
—goal	but de l'entreprise
—philosophy	philosophie de l'entreprise
—objectives	objectifs de l'entreprise
overall ——	objectifs globaux de l'entreprise
—planning	planification de l'entreprise
—policy	politique de l'entreprise
—profile	profil d'entreprise
—reconstruction	reconstitution de société
affiliate—	société affiliée
	société apparentée
associate—	société affiliée
	société apparentée
holding—	(société) holding
joint venture—*	société d'exploitation en commun
parent—	société mère
subsidiary—	filiale
system-managed—	entreprise dirigée de façon systématisée
comparison:	
interfirm—	comparaison inter-entreprises
compensation:	
executive—	rémunération des cadres
competence:	
executive—	compétence de management
job—	compétence dans le travail
competitive:	
—advantage	avantage concurrentiel
—edge	avance sur les concurrents
—position	position concurrentielle

—price	prix défiant la concurrence
—stimulus	stimulant compétitif
—strategy	stratégie concurrentielle
—tactics	tactiques concurrentielles
—thrust	percée commerciale
competitor analysis	analyse des concurrents
complex:	
production—	complexe de production
comptroller	vérificateur des comptes
	contrôleur de gestion
computer	ordinateur
—bank	fichier central
	banque de données
—centre	centre de calcul
—input	input de l'ordinateur
	entrée de l'ordinateur
—language	langage machine
—output	output de l'ordinateur
	sortie de l'ordinateur
—programming	programmation
—services	services en informatique
——bureau	service de travaux à façon
	service bureau
—simulation	simulation par ordinateur
—storage	mémoire (d'un ensemble électronique)
analogue—	ordinateur analogique
digital—	calculateur numérique
computerise	mécaniser
computerised information system (COINS)	système d'information par ordinateur
conception:	
product—	conception des produits
conciliation	conciliation
conditions of employment	conditions d'embauche
conglomerate	conglomérat
consciousness:	
cost—	conscience des coûts
consolidated accounts	bilan consolidé
consolidation	consolidation
	fusion
consortium	consortium
constraint:	
budget—	contrainte budgétaire
consultancy	conseil de gestion
	consulting

consultant	ingénieur-conseil
(management—)	conseil en gestion
	conseiller de direction
	consultant
consultation:	
joint—	consultations paritaires
consumer:	
—acceptance	réceptivité des consommateurs
—behaviour	comportement du consommateur
—goods	biens de consommation
—research	recherche des besoins des consommateurs
—resistance	résistance des consommateurs
—satisfaction	satisfaction du consommateur
consumers' panel	panel de consommateurs
containerisation	conteneurisation
content:	
work—	contenu du travail
contingency reserve	fonds de prévoyance
continuous:	
—flow production	production continue
—stock taking	inventaire permanent
contract (work by—)	travail à forfait
contraction of authority	limitation d'autorité
contribution analysis	analyse des contributions (à la marge)
control	contrôle
	contrôle de gestion
—information	information de contrôle
adaptive—	contrôle adaptif
administrative— procedure	procédé de contrôle de gestion
batch—	contrôle par lots
board—	contrôle du conseil d'administration
budgetary—	contrôle budgétaire
budgeting—	contrôle budgétaire
cost—	contrôle des coûts
financial—	contrôle financier
inventory—	contrôle des stocks
	gestion des stocks
managerial—	contrôle de direction
manufacturing—	contrôle de fabrication

numerical—	commande numérique
process—	commande de processus
	régulation de processus
production—	surveillance de la production
	gestion de la production
	régulation de la production
production planning and—	projet et contrôle de la production
progress—	contrôle de la production
quality—(QC)	contrôle de qualité
	gestion de la qualité
total——	contrôle général de la qualité
span of—	étendue des responsabilités
statistical—	contrôle statistique
stock—	contrôle des stocks
	gestion des stocks
controller	vérificateur de comptes
	contrôleur de gestion
corporate:	
—advertising	publicité de prestige
—growth	croissance de l'entreprise
—image	image de l'entreprise
—model	modèle d'entreprise
—planning	planification de l'entreprise
—strategy	stratégie de l'entreprise
—structure	structure de l'entreprise
corporation tax	impôt sur les sociétés
cost:	
—accounting	comptabilité analytique
	comptabilité de prix de revient
—analysis	étude des charges
	analyse du prix de revient
—awareness	connaissance des coûts
—-benefit analysis (CBA)	analyse coût-profit
	analyse des avantages-coûts
—centre	centre de coût
—consciousness	conscience des coûts
—control	contrôle des coûts
—effectiveness	coût-efficacité
—factor	facteur coût
—of production	coût de production
—reduction	réduction des coûts
—standards	normes de prix de revient
—structure	structure des coûts
—variance	écart des coûts
—volume profit analysis	analyse volume-coûts-profits

15

costs

average—	coût moyen
closing down—	frais de liquidation
direct—	coût direct
indirect—⊥	coût indirect
marginal—	coût marginal
opportunity—	coût d'opportunité
replacement—	coût de remplacement

costs:

allocation of—	imputation des charges
	affectation des charges
distribution—	coûts de la distribution
fixed—	coûts constants
	coûts fixes
estimating systems—	évaluation des coûts de systèmes
managed—	coûts contrôlés
set-up—	frais d'établissement
standard—	coûts standards
variable—	coûts variables
semi-——	charges semi-variables

costing

	évaluation des coûts
	établissement des prix de revient
absorption—	coût d'absorption
	coût complet
direct—	méthode des coûts directs
	méthode du coût proportionnel
functional—*	*rationalisation des choix budgétaires* (RCB)
marginal—	comptabilité marginale
	méthode des coûts marginaux
product—	comptabilité industrielle
standard—	méthode des coûts standards
variable—	comptabilité analytique

council:

works—	comité d'entreprise (CE)

counselling:

employee—	conseil des employés
cover ratio	taux de couverture

coverage:

sales—	couverture du marché

creative:

—marketing	créativité commerciale
—thinking	matière grise
	pensée créatrice

credit:

—control	contrôle de crédit

—management	gestion de crédit
—rating	réputation de solvabilité
criteria:	
investment—	critère d'investissement
critical:	
—mass	masse critique
—path analysis (CPA)	analyse du chemin critique
—path method (CPM)	méthode du chemin critique
cross-licensing	concession réciproque de licences
current:	
—assets	actif circulant
	actif réalisable
net——	fonds de roulement net
—expenditure	frais d'exploitation
—liabilities	dettes à court terme
	exigibilités
	passif exigible
—ratio	coefficient de liquidité
curve:	
learning—	courbe d'accoutumance
salary progression—	courbe d'augmentation de salaire
customer:	
—orientation	orientation du client
—profile	profil de la clientèle
—service	service à la clientèle
cut prices (to—)	brader les prix
cutting:	
price—	réduction de prix
cybernetics	cybernétique
cycle:	
business—	cycle économique
life—(of a product)	cycle de vie (d'un produit)
	courbe de vie (d'un produit)
work—	cycle de travail

D

DCF (discounted cash flow)	cash flow actualisé
	méthode DCF
data:	
—acquisition	saisie de données
	acquisition de données
—bank	fichier central
	banque de données

deal

—gathering	collecte de données
	rassemblement de données
—processing	traitement des données
	traitement de l'information
	informatique
automatic——	traitement automatique des
(ADP)	données
electronic——	traitement électronique de
(EDP)	l'information (TEI)

deal:
package—	panier
debentures	obligations
debt ratio	ratio d'endettement
debtors	débiteurs
debug	mettre au point
decentralisation	décentralisation

decision:
—analysis	analyse de la décision
—making	prise de décision
—model	modèle de décision
—process	processus de la décision
—theory	théorie des décisions
—tree	arbre de décision
defensive strategy	stratégie défensive
delegation	délégation (de pouvoirs)

democracy:
industrial—	démocratie industrielle

department:
accounting—	services comptables
engineering and	service technique
design—	*bureau d'études*
personnel—	direction du personnel
	service du personnel
planning—	service planning
	bureau de planning
research—	service de recherche
sales—	services commerciaux
	département commercial
departmental planning	plan de divisions
departmentalisation	départementalisation
deployment	déploiement
depreciation	provision pour
allowance	amortissement

depth:
—analysis	analyse en profondeur
—interview	interview en profondeur

deputy:
—chairman	vice-président

—manager	directeur adjoint
—managing director	directeur général adjoint
description:	
job—	description de poste
	définition de fonction
design:	
—engineering	étude de conception
engineering and— department	service technique *bureau d'études*
job—	conception des tâches
product—	dessin du produit
	conception du produit
systems—	conception des systèmes
desk research*	*recherche de documentation statistique*
determination:	
price—	fixation des prix
development:	
—potential	potentiel de développement
—programme	programme de développement
executive—	perfectionnement des cadres
management—	perfectionnement des cadres formation au management
organisational—	développement organisationnel
product—	développement de produits
new——	développement de produits nouveaux
research and— (R and D)	recherche et développement (R et D)
deviation:	
standard—	écart type
diagnostic routine	programme de diagnostic
diagram:	
scatter—	diagramme de dispersion
differential:	
price—	différence des prix
wage—	éventail de salaires
differentiation:	
product—	différenciation des produits
digital computer	calculateur numérique
dilution:	
—of equity	dilution de bénéfice par actions
—of labour	adjonction de main-d'oeuvre non qualifiée
direct:	
—cost	coût direct

19

director

—costing	méthode des coûts directs
	méthode du coût proportionnel
—expenses	charges directes
—labour	main-d'oeuvre directe
—mail	publicité directe
—selling	vente directe
director	directeur
board of —s	direction générale
executive—	directeur général
non——	administrateur
financial—	directeur financier
managing—	directeur général
deputy——	directeur général adjoint
outside—	administrateur
directorate:	
interlocking—*	*administrateurs multiples*
discounted cash flow (DCF)	cash flow actualisé méthode DCF
discretion:	
time span of—*	*délai de réflection*
diseconomy of scale	déséconomie d'échelle
disincentive	facteurs d'insatisfaction éléments dissuasifs
disinvestment	désinvestissement
dispatching	lancement expédition
disposition:	
source and—of funds	ressources et emplois de capitaux
dispute:	
labour—	conflit du travail
dissolution	dissolution
distribution	distribution
—costs	coûts de la distribution
—manager	chef de la distribution
—network	réseau de distribution
—planning	planning de distribution
—policy	politique de distribution
chain of—	circuit de distribution
channels of—	canaux de distribution
frequency—	distribution des fréquences
physical— management	gestion de la distribution physique
diversification	diversification
—strategy	stratégie de diversification
product—	diversification des produits
diversify (to—)	diversifier

divestment	scission d'actif
dividends	dividendes
—policy	politique de (versement des) dividendes
division:	
operating—	division opérationnelle
divisional management	gestion cellulaire
	gestion par département
double taxation relief	suppression de la double imposition
down the line	subordonnés
down time	temps mort
	temps d'arrêt
drive:	
advertising—	campagne de publicité
productivity—	campagne de productivité
sales—	animation des ventes
dumping	dumping
dynamic:	
—evaluation	analyse dynamique
—management model	modèle dynamique de gestion
—programming	programmation dynamique
dynamics:	
group—	dynamique des groupes
industrial—	dynamique industrielle
market—	dynamique de marché
product—	dynamique des produits

E

EDP (electronic data processing)	TEI (traitement électronique de l'information)
earning power	capacité bénéficiaire
earnings:	
—on assets	rendement des fonds propres
—per share	bénéfice par action
—performance	rentabilité
—yield	rendement
price—ratio (P/E)	taux de price-earnings
	rapport cours-bénéfices
retained—	bénéfices non-distribués
economic:	
—batch quantity	effectif de série économique
—intelligence	information économique
—life	vie économique

21

—manufacturing quantity	série économique de fabrication
	quantité économique de production
—mission	mission économique
—order quantity	quantité économique à commander
	quantité optimale de commande
—research	études économiques
—trend	évolution économique
	conjoncture

economist:
business—	économiste d'entreprise

economy:
—of scale	économie d'échelle
motion—	économie des mouvements

edge:
competitive—	avance sur les concurrents

effective management	direction efficace
effectiveness	efficacité
advertising—	efficacité publicitaire
cost—	coût-efficacité ⁵
managerial—	efficacité de la direction
organisational—	efficacité organisatrice
efficiency	efficacité
	productivité
	efficience
	rendement

effort:
sales expansion—	effort d'accroissement des ventes

elasticity	élasticité
electronic data processing (EDP)	traitement électronique de l'information (TEI)

employed:
capital—	capital investi
return on—— (ROCE)	rentabilité des capitaux investis (RCI)

employee:
—counselling	conseil des employés
—relations	relations avec les employés
	relations ouvrières

employment:
conditions of—	conditions d'embauche

engineering:
—and design department	services techniques
	bureau d'études

design—	étude de conception
human—	ergonomie
	adaptation du travail à l'homme
industrial—	engineering industriel
	organisation industrielle
methods—	étude des méthodes
production—	techniques de la production
systems—	engineering des systèmes
	mise en oeuvre des systèmes
value—	analyse des coûts
	analyse de la valeur
enlargement:	
job—	élargissement du travail
	extension des tâches
enrichment:	
job—	enrichissement du travail
entrepreneurial spirit	esprit d'entreprise
environment	environnement
environmental forecasting	prévision sur l'environnement
equipment:	
—leasing	crédit-bail immobilier
peripheral—	unités périphériques
process- —layout	production groupée
equity	fonds propres réalisables
	équivalence
dilution of—	dilution du bénéfice par actions
return on—	rendement des fonds propres
ergonometrics	mesure du travail
ergonomics	ergonomie
	adaptation du travail à l'homme
escalation:	
price—	flambée des prix
espionage:	
industrial—	espionnage industriel
estimate:	
sales—	estimation des ventes
estimating systems costs	évaluation des coûts de systèmes
evaluation:	
capital project—	étude de projet d'investissement
dynamic—	analyse dynamique

exception

job—	évaluation des emplois
	classification des emplois
	qualification du travail
performance—	appréciation des performances

exception:
management by—	gestion par exception
excess capacity	surcapacité

execution:
policy—	exécution de la politique
executive	directeur
	dirigeant
	cadre
—board	conseil de direction
	conseil d'administration
—competence	compétence de management
—development	perfectionnement des cadres
—director	directeur général
—manpower strategy	stratégie des cadres
—search*	executive search
	assistance au recrutement des cadres
chief—	directeur général
line—	dirigeant opérationnel

expansion:
—strategy	stratégie de l'expansion
sales—effort	effort d'accroissement des ventes

expectations:
job—	perspectives de carrière
sales—	ventes anticipées

expenditure:
current—	frais d'exploitation

expenses:
direct—	charges directes
indirect—	charges indirectes
recovery of—	récupération des frais
	recouvrement des dépenses
running—	dépenses de fonctionnement
	charges d'exploitation

exploration:
market—	prospection des marchés

exponential:
—trends	tendances exponentielles
—smoothing	lissage exponentiel
extension services	services logistiques
external relations	relations extérieures

24

F

factor	indice
	coefficient
	facteur
	moyen de production
cost—	facteur coût
load—	indice de charge
	coefficient d'utilisation de la capacité
profit—analysis	analyse des facteurs de profit
factoring	factoring
factory overheads	frais généraux de fabrication
family tree	arbre généalogique
feasibility study	étude préalable
	étude de faisabilité
featherbedding*	*limitation des heures de travail pour éviter le chômage*
feedback	feedback
	réaction
	rétroaction
field:	
—research	prospection sur le terrain
—testing	test sur place
financial:	
—administration	gestion financière
—analysis	analyse financière
	diagnostic financier
—appraisal	évaluation financière
—control	contrôle financier
—director	directeur financier
—management	direction financière
—planning	plan financier
—ratio	ratio financier
—review	examen financier
—standards	normes financières
—strategy	stratégie financière
—year	exercice (financier)
financing:	
self—	autofinancement
first-line manager	chef d'atelier
	contremaître
	surveillant de premier niveau
fiscal year	exercice financier
	exercice social
fixed:	
—assets	valeurs immobilisées
	capitaux permanents

—cost	coût constant
	coût fixe
flexible budget	budget flexible
flotation	lancement (d'un emprunt)
flow:	
—chart	diagramme de circulation
—line	ligne de production
—process chart	diagramme de circulation
—production	fabrication à la chaîne
continuous——	production continue
cash—	cash flow
	produit disponible
discounted——	cash flow actualisé
(DCF)	méthode DCF
incremental——	cash flow marginal
funds —s	mouvement de fonds
information —s	flux de l'information
follow-up	follow-up
	rappel
	suivi (commercial)
force:	
market—s	tendances de marché
sales—	équipe de vente
task—	groupe d'intervention
forecast	prévision
market—	prévision du marché
sales—	prévision des ventes
technological—	prévision technologique
forecasting	prévision
budget—	prévision budgétaire
business—	prévision dans l'entreprise
environmental—	prévision sur l'environnement
manpower—	prévision de l'emploi
foreman	chef d'équipe
formation:	
capital—	formation de capital
formulation:	
policy—	expression de la politique
strategy—	élaboration des stratégies
forward planning	plan à longue échéance
frequency distribution	distribution des fréquences
fringe:	
—benefit	avantages sociaux
	avantages annexes
—market	marché marginal
function	fonction
managerial—	fonction de direction

functional:	
—analysis	analyse fonctionnelle (AF)
—costing*	*rationalisation des choix*
	budgétaires (RCB)
—layout	implantation fonctionnelle
—management	gestion par fonctions
—organisation	organisation fonctionnelle
	organisation horizontale
—relations	liaisons fonctionnelles
—responsibility	responsabilité fonctionnelle
fund:	
sinking—	fonds d'amortissement
funds:	
—flows	mouvements de fonds
source and	ressources et emplois de
disposition of—	capitaux

G

game:	
—theory	théorie des jeux
business—	jeu d'entreprise
	simulation de gestion
management—	jeu d'entreprise
	simulation de gestion
gathering:	
data—	collecte de données
gap study	étude des écarts
gearing*	*rapport des fonds propres*
	sur fonds empruntés
go public (to—)*	*introduire en Bourse*
go-slow	grève perlée
goal	but
—seeking	recherche des buts
—setting	fixation des objectifs
company—	but de l'entreprise
hierarchy of —s	hiérarchie des objectifs
profit—	but de profit
sales—	objectif de vente
goods:	
capital—	biens d'équipement
consumer—	biens de consommation
industrial—	biens industriels
goodwill	goodwill
	fonds de commerce
	droit à la clientèle
grid:	
—structure	structure en grille

27

managerial—	grille de gestion
grievance procedure*	*procédure prud'hommale*
gross:	
—margin	marge brute
—profit	bénéfice brut
group:	
—accounts	comptes de groupe
—bonus	prime collective
	prime d'équipe
—dynamics	dynamique des groupes
—incentive	prime collective
	prime d'équipe
—training*	*action collective de formation*
T-—training	groupe de diagnostic
	T-groupe
product—	groupe de produits
	grille de produits
growth:	
—area	secteur de croissance
—index	indice de croissance
—industry	industrie en croissance rapide
—potential	potentiel de croissance
—strategy	stratégie de croissance
corporate—	croissance de l'entreprise
personal—	développement personnel
guesstimate	estimation au jugé

H

handling:	
information—	manipulation de l'information
materials—	manutention (des marchandises)
hard selling	ventes à l'emporté
hardware	hardware
	matériel
head office	siège social (juridique)
	administration centrale (administratif)
hedge (to —)	se couvrir
hedging operation	opération de couverture
heuristics	heuristique
hierarchy of goals	hiérarchie des objectifs
hire:	
plant—	location d'équipement
hold margins (to—)	maintenir les marges
holding company	(société) holding

holidays:	
staggered—	étalement des vacances
horizontal integration	intégration horizontale
human:	
—engineering	ergonomie
	adaptation du travail à l'homme
—relations	relations humaines

I

IPM (integrated project management)	gestion intégrée
IRR (internal rate of return)	taux de rendement interne
image:	
brand—	image de marque
corporate—	image de l'entreprise
product—	image de produit
impact	impact
	influence
profit—	incidence sur le profit
implementation:	
strategy—	application de stratégie
implication:	
profit—	répercussion sur les bénéfices
improvement:	
job—	amélioration des tâches
product—	amélioration de produits
profit—	amélioration de la rentabilité
in-plant training	formation dans l'entreprise
incentive:	
—scheme	programme de stimulants salariaux
group—	prime collective
	prime d'équipe
incremental cash flow	cash flow marginal
index:	
growth—	indice de croissance
indirect:	
—cost	coût indirect
—expenses	charges indirectes
—labour	main-d'oeuvre indirecte
induction	accueil
	mise au courant (du personnel)
industrial:	
—democracy	démocratie industrielle

—dynamics	dynamique industrielle
—engineering	engineering industriel
	organisation industrielle
—espionage	espionnage industriel
—goods	biens industriels
—psychology	psychologie industrielle
—relations	relations industrielles
	relations professionnelles
—security	contre-espionnage industriel
industry:	
growth—	industrie en croissance rapide
training within— (TWI)*	*formation accélérée dans l'entreprise*
	formation pratique des chefs
informal organisation	organisation informelle
information:	
—flows	flux de l'information
—handling	manipulation de l'information
—network	réseau d'information
—processing	traitement de l'information
—retrieval	recherche documentaire
	récupération de données
—system	système d'information
management—— (MIS)	système d'information de management (SIM)
computerised—— (COINS)	système d'information par ordinateur
—technology	informatique
—theory	théorie de l'information
control—	information de contrôle
management—	information d'organisation de la gestion
input	données d'entrée
	input
computer—	input de l'ordinateur
input-output:	
—analysis	analyse entrées-sorties
—table	tableau d'échanges inter-industriels
inspection:	
staff—	étude des besoins en personnel
intangible assets	valeurs incorporelles
	actif immatériel
integrated:	
—management system	système intégré de gestion

—project management (IPM)	gestion intégrée
interest:	
job—	intérêt des tâches
majority—	participation majoritaire
minority—	participation minoritaire
interface	interface
	jonction
	région-passage
interfirm comparison	comparaison inter-entreprises
interlocking directorate*	*administrateurs multiples*
internal:	
—audit	contrôle interne
	audit interne
—rate of return (IRR)	taux de rendement interne
interview:	
depth—	interview en profondeur
intuitive management	management intuitif
inventory:	
—control	gestion des stocks
	contrôle des stocks
—turnover	rotation des stocks
perpetual—	inventaire tournant
investment:	
—analysis	analyse des investissements
	étude de rentabilité
—appraisal	appréciation des investissements
—budget	budget d'investissement
—criteria	critère d'investissement
—management	gestion des investissements
—mix*	*origine des capitaux*
—policy	politique d'investissement
—programme	programme d'investissements
return on—	rendement des investissements
	rentabilité d'investissements
issued capital	capital émis
	capital souscrit

J

job:	
—analysis	analyse des tâches
	analyse des postes de travail

31

—assignment	affectation des tâches
—challenge	exigences de poste
—classification	classification des fonctions
—competence	compétence dans le travail
—description	description de poste
	définition de fonction
—design	conception des tâches
—enlargement	élargissement du travail
	extension des tâches
—enrichment	enrichissement du travail
—evaluation	évaluation des emplois
	classification des emplois
	qualification du travail
—expectations	perspectives de carrière
—improvement	amélioration des tâches
—interest	intérêt des tâches
—performance	rendement au travail
—rotation	rotation des postes
—satisfaction	satisfaction dans le travail
—security	sécurité de l'emploi
—simplification	simplification du travail (SdT)
—specification	spécification de la fonction
	caractéristiques de poste
jobbing	courtage
joint:	
—consultation	consultations paritaires
—negotiation	négociations paritaires
—representation	démarche collective
—venture	action concertée
——companies*	*sociétés d'exploitation en commun*
jurisdiction	domaine d'attributions
	zone de responsabilité

K

know-how	know-how
	tour de main
	savoir-faire technique

L

labour:	
—dispute	conflit du travail
—intensive	non-capitalistique
—mobility	mobilité de la main-d'oeuvre

32

—relations	relations syndicales
	relations du travail
—turnover	turnover des employés
	rotation du personnel
	mutation de personnel
direct—	main-d'oeuvre directe
indirect—	main-d'oeuvre indirecte
language:	
common—	langage commun
computer—	langage machine
machine—	langage machine
lag response	décalage
launching	lancement
lay-off	licenciement du personnel
lay-out:	
functional—	implantation fonctionnelle
plant—study	étude des implantations
process equipment—	production groupée
lead time	délai de suite
	délai de livraisons
leader:	
—merchandising	vente à perte
loss—	vente à perte
market—	leader du marché
	innovateur
price—	prix directeur
leadership	leadership
	autorité (not in sense 'hiérarchique')
learning:	
—curve	courbe d'accoutumance
programmed—	enseignement programmé
	enseignement séquentiel
lease or buy	acheter ou louer
leasing	leasing
	prêt-bail
	crédit-bail
equipment—	crédit-bail immobilier
leverage	leverage
	effet de levier
liabilities	passif
	engagements
current—	dettes à court terme
	exigibilités
	passif exigible
licensing:	
cross—	concession réciproque des licences

33

life:
—cycle (of a product)	cycle de vie (d'un produit)
	courbe de vie (d'un produit)
economic—	vie économique
product—	vie d'un produit
——expectancy	espérance de vie d'un produit

line:
—and staff	structure line and staff
	organisation mixte
—assistant	attaché opérationnel
—authority	autorite hiérarchique
—executive	dirigeant opérationnel
—management	chefs directs
	contremaîtres
—manager	directeur hiérarchique
—of command	voie hiérarchique
	hiérarchie
—organisation	organisation opérationnelle
	organisation hiérarchique
	organisation verticale
—production	production à la chaîne
assembly—	chaîne de montage
down the—	subordonnés
flow—	ligne de production
on—	connecté (à l'ordinateur)
product—	gamme de produits
	ligne de produits

linear:
—programming	programmation linéaire
—responsibility	responsabilité hiérarchique
liquid assets	actif réalisable
	actif disponible
	liquidités
liquidation	liquidation

liquidating:
self—	auto-amortissable
liquidity ratio	coefficient de liquidité
	taux de liquidité

load:
—factor	indice de charge
	coefficient d'utilisation de la capacité
work—	charge de travail
loan capital	capital d'emprunt

location:
plant—	localisation d'usine
lockout	lock-out
logistic process	processus logistique

logistics	logistique
long-range planning	planification à long terme
long-term planning	planification à long terme
loop:	
closed—	boucle fermée
loss:	
—leader	vente à perte
—maker	générateur de pertes
loyalty:	
brand—	fidélité à la marque

M

MBO (management by objectives)	DPO (direction par objectifs)
MIS (management information system)	SIM (système d'information de management)
MRA (multiple regression analysis)	régression multiple
machine language	langage machine
mail:	
direct—	publicité directe
maintenance:	
planned—	entretien systématique
preventive—	entretien préventif
resale price— (RPM)	prix imposés
majority interest	participation majoritaire
make-or-buy decision	option produire ou acheter
manage (to —)	diriger
	gérer
	conduire
managed:	
—costs	coûts contrôlés
system—company	entreprise dirigée de façon systématisée
management:	1) gestion
	direction
	organisation
	management
	2) encadrement
	les cadres
	personnel dirigeant
—accounting	comptabilité de gestion
—audit	contrôle de gestion
	diagnostic d'évaluation de gestion
—by exception	gestion par exception

management

—by objectives (MBO)	direction par objectifs (DPO)
—chart	tableau de bord
—consultant	ingénieur-conseil
	conseil en gestion
	conseiller de direction
	consultant
—development	perfectionnement des cadres
	formation au management
—game	jeu d'entreprise
	simulation de gestion
—information	information d'organisation de la gestion
——system (MIS)	système d'information de management (SIM)
—potential	potentiel des cadres
—practices	procédures de gestion
—ratios	ratios de gestion
—science	science de la gestion
—services*	*services fonctionnels*
	services de conseil interne
	services d'état-major
—succession*	*plans de succession*
	plans de remplacement
—system	système de direction
integrated——	système intégré de gestion
—team	équipe de direction
—techniques	techniques de gestion
—theory	théorie de la gestion de l'entreprise
business—	gestion des affaires
cash—	gestion de trésorerie
credit—	gestion de crédit
divisional—	gestion cellulaire
	gestion par département
dynamic—model	modèle dynamique de gestion
effective—	direction efficace
financial—	direction financière
functional—	gestion par fonctions
general—	direction générale
intuitive—	management intuitif
investment—	gestion des investissements
line—	chefs directs
	contremaîtres
manpower—	gestion des effectifs
market—	gestion commerciale
matrix—*	*organisation en matrice*
middle—	cadres moyens

multiple—	direction multiple
office—	organisation des bureaux
operating—	direction opérationnelle
operations—	gestion des opérations
participative—	direction participative
personnel—	direction du personnel
	administration du personnel
physical distribution—	gestion de la distribution physique
portfolio—	gestion de portefeuille
product—	gestion du produit
production—	gestion de la production
	organisation de la production
programmed—	gestion programmée
	direction par programmes
project—	project management
integrated——	gestion intégrée
sales—	direction commerciale
	administration des ventes
scientific—	organisation scientifique
	organisation scientifique du travail (OST)
staff—	direction du personnel
supervisory—	maîtrise
systems—	direction systématisée
	gestion par les systèmes
top—	haute direction
	cadres supérieurs
	cadres dirigeants
——approach	optique de la direction générale
venture—	gestion des risques
manager	directeur
	chef
	gestionnaire
	responsable
advertising—	directeur de la publicité
assistant—	sous-directeur
	sous-chef
assistant to—	fonctionnel
brand—	chef de marque
deputy—	directeur adjoint
distribution—	chef de distribution
general—	directeur général
line—	directeur hiérarchique

first— —	surveillant de premier niveau
	chef d'atelier
	contremaître
marketing—	directeur du marketing
	directeur commercial
personnel—	chef du personnel
plant—	directeur d'usine
product—	chef de produit
production—	chef de fabrication
purchasing—	chef des achats
sales—	chef de ventes
works—	chef d'établissement

managerial:
—control	contrôle de direction
—effectiveness	efficacité de la direction
—function	fonction de direction
—grid	grille de gestion
—structure	hiérarchie
—style	style de direction

managing director	directeur général
deputy— —	directeur général adjoint

manpower:
—audit	inventaire des effectifs
—forecasting	prévision de l'emploi
—management	gestion des effectifs
—planning	plan d'effectifs
—resourcing*	*recrutement et gestion des effectifs*
executive—strategy	stratégie des cadres

manufacturing:
—capacity	capacité de production
—control	contrôle de fabrication
economic—quantity	série économique de fabrication
	quantité économique de production

margin:
gross—	marge brute
hold —s (to—)	maintenir les marges
net—	marge nette
profit—	marge bénéficiaire

marginal:
—analysis	analyse marginale
—cost	coût marginal
—costing	comptabilité marginale
	méthode des coûts marginaux

market:
—appraisal	évaluation du marché

—dynamics	dynamique de marché
—exploration	prospection des marchés
—forces	tendances de marché
—forecast	prévision du marché
—intelligence	information commerciale
—leader	leader du marché
	innovateur
—management	gestion commerciale
—opportunity	créneau
—penetration	pénétration de marché
—plan	plan de marché
—potential	marché potentiel
	marché tendanciel
—price	prix de marché
	prix marchand
—profile	profil du marché
—prospects	perspectives commerciales
—rating	cours de Bourse
—saturation	saturation du marché
—segments	strates de marché
—segmentation	segmentation des marchés
—share	part du marché
—structure	structure du marché
—study	étude de marché
—survey	étude de marché
—test	test de vente
	vente expérimentale
—trend	tendance du marché (à long terme)
	orientation du marché (à court terme)
—value	valeur vénale
	valeur marchande
buyers'—	marché à la baisse
fringe—	marché marginal
sellers'—	marché à la hausse
marketing	commercialisation
	marketing
—appropriation	dotations budgétaires affectées au marketing
—budget	budget de marketing
—manager	directeur du marketing
	directeur commercial
—mix*	marketing mix
	système de promotion des ventes
	formule de marketing

—research	recherche commerciale
—strategy	stratégie commerciale
creative—	créativité commerciale
test—	test de marché
mark-up	majoration (du prix)
	marge
mass:	
—production	production en masse
	fabrication en série
critical—	masse critique
materials handling	manutention (des marchandises)
mathematical programming	programmation mathématique
matrix management*	*organisation en matrice*
maximisation:	
profit—	maximisation du profit
mean	moyenne
measurement:	
performance—	mesure de performances
productivity—	mesure de la productivité
work—	mesure du travail
clerical——(CWM)	chronométrage des travaux administratifs
media	média
	supports
—analysis	analyse de média
—selection	sélection des médias
advertising—	média publicitaires
	supports publicitaires
median	médiane
mediation	médiation
meeting:	
board—	réunion du conseil d'administration
memory	mémoire
merchandising	merchandising
	marchandisation
	techniques marchandes
leader—	vente à perte
merger	fusion
merit rating	appréciation du mérite
message:	
advertising—	message publicitaire
methectics	dynamique de groupe
method:	
—s engineering	étude des méthodes
—s study	étude des méthodes

organisation and —s (O and M)	méthodes et organisation
points rating—	méthode de qualification par points
present value—	méthode d'actualisation
random observation—	méthode des observations instantanées
simplex—	méthode du simplexe
time and —s study	étude des temps et des méthodes
middle management	cadres moyens
minority interest	participation minoritaire
mission:	
economic—	mission économique
mix:	
investment—*	*origine des capitaux*
marketing—	marketing mix
	système de promotion des ventes
	formule de marketing
product—	product-mix
	gamme de produits
promotional—*	*moyens d'action promotionnelle*
sales—*	*éventail de produits*
	gamme commerciale
mobility:	
labour—	mobilité de la main-d'oeuvre
staff—	mobilité du personnel
mode	mode
model	modèle
accounting—	modèle comptable
corporate—	modèle d'entreprise
decision—	modèle de décision
dynamic management—	modèle dynamique de gestion
modular production	fabrication par éléments normalisés
monitor (to—)	surveiller
morphological analysis	analyse morphologique
motion:	
—economy	économie des mouvements
—study	étude des mouvements
time and——	étude des périodes
	étude des temps et des mouvements
predetermined— time system (PMTS)	méthode des temps prédéterminés

41

motivation	motivation
self—	automotivation
motivational research	étude de motivation
motivator	motivateur
	mobile
	motivation
motive:	
profit—	motivation par le profit
multi access	accès multiple
multiple:	
—management	direction multiple
—regression analysis (MRA)	régression multiple

N

NPV (net present value)	valeur actuelle nette
needs analysis	analyse des besoins
negotiation:	
—strategy	stratégie de négociation
joint—	négociations paritaires
net:	
—assets	valeurs nettes
	actif net
—current assets	fonds de roulement net
—margin	marge nette
—present value (NPV)	valeur actuelle nette
—profit	bénéfice net
—worth	valeur nette
network:	
—analysis	analyse de réseau
communications—	réseau de communications
distribution—	réseau de distribution
information—	réseau d'information
new product development	développement de produits nouveaux
non-executive director	administrateur
non-linear programming	programmation non-linéaire
non-profit making	déficitaire
numerical control	commande numérique

O

O and M (organisation and methods)	méthodes et organisation

OR (operational research; operations research)	RO (recherche opérationnelle)
objective	objectif
	finalité
—setting	définition des objectifs
company—	objectif de l'entreprise
overall——s	objectifs globaux de l'entreprise
management by —s (MBO)	direction par objectifs (DPO)
performance against —s	réalisations comparées aux projets
observation:	
random—method	méthode des observations instantanées
obsolescence	déclassement
	obsolescence
	vieillissement
planned—	désuétude calculée
off-the-job training	formation extérieure
	formation institutionnelle
office:	
—management	organisation des bureaux
branch—	services de branche
head—	1) siège social (juridique)
	2) administration centrale (administratif)
officer:	
training—	directeur de formation
official strike	grève de compétence
on cost	frais généraux
on-the-job training	formation sur le terrain
	formation sur le tas
operating:	
—division	division opérationnelle
—management	gestion des opérations
operations:	
—audit	contrôle de gestion
	contrôle des opérations
—breakdown	décomposition des tâches
—management	gestion des opérations
—research (OR)	recherche opérationnelle (RO)
ancillary—	services d'intendance
hedging—	opérations de couverture
operational:	
—planning	planification des opérations
—research (OR)	recherche opérationnelle (RO)

opportunity:	
—cost	coût d'opportunité
market—	créneau
optimisation:	
profit—	optimisation du profit
optimise (to—)	optimiser
option:	
stock—plan	plan optionnel d'achat d'actions
order:	
economic—quantity	quantité économique à commander
	quantité optimale de commande
organisation	organisation
—and methods (O and M)	méthodes et organisation
—chart	organigramme
—planning	planification de l'organisation
—structure	structure d'organisation
—theory	théorie d'organisation
functional—	organisation fonctionnelle
	organisation horizontale
informal—	organisation informelle
line—	organisation opérationnelle
	organisation hiérarchique
	organisation verticale
staff—	organisation fonctionnelle
	organisation horizontale
organisational:	
—behaviour	comportement de l'homme dans l'organisation
—change	mutation des structures
—development	développement organisationnel
—effectiveness	efficacité organisatrice
organogram	organigramme
orientation:	
customer—	orientation du client
outlook:	
profit—	perspectives de profit
output	1) résultat de sortie output
	2) rendement production chiffre d'affaires
—budgeting*	*rationalisation des choix budgétaires* (RCB)

capital-—ratio	ratio d'intensité de capital
input-—analysis	analyse entrées-sorties
input-—table	tableau d'échanges inter-industriels
outside director	administrateur
over-capitalised	sur-capitalisé
overall company objectives	objectifs globaux de l'entreprise
overheads	frais généraux
—recovery	couverture des frais généraux
administrative-—	frais généraux d'administration
factory-—	frais généraux de fabrication

P

P/E (price earnings ratio)	taux de price-earnings *rapport cours-bénéfices*
PERT (programme evaluation and review technique)	méthode PERT
PMTS (predetermined motion time system)	PMTS (méthode des temps prédéterminés)
PPBS (planning programming budgeting system)*	*RCB (rationalisation des choix budgétaires)*
PR (public relations)	relations publiques
P/V (profit-volume ratio)	rapport profit sur ventes
package deal	panier
packaging	conditionnement
palletisation	gerbage palettisation
panel:	
consumers'-—	panel de consommateurs
parametric programming	programmation paramétrique
parent company	société mère
part-analysis training	formation par étapes
participation	participation
worker-—	participation ouvrière
participative management	direction participative
partners	associés
partnership	société en nom collectif
party:	
working-—	groupe de travail

patent	brevet
—trading	échange de brevets
payback	récupération (du capital investi)
	payback
—period	délai de récupération
pay off	rentabilité
	résultats
	gains
payment by results	salaire au rendement
payroll	(feuille de) paye
penetration:	
—market	pénétration du marché
per-share earnings	bénéfices par action
performance:	
—against objectives	réalisations comparées aux projets
—appraisal	appréciation du rendement
	évaluation des résultats
—budgeting*	*rationalisation des choix budgétaires* (RCB)
—evaluation	appréciation des performances
—measurement	mesure de performances
—rating	jugement d'allure
—standards	normes de rendement
earnings—	rentabilité
job—	rendement au travail
product—	comportement de produit
profit—	rendement
standard—	rendement standard
peripheral equipment	unités périphériques
perpetual inventory	inventaire tournant
personal growth	développement personnel
personnel:	
—department	direction du personnel
	service du personnel
—management	direction du personnel
	administration du personnel
—manager	chef du personnel
—policy	politique du personnel
—rating	appréciation du personnel
	notation de la main-d'oeuvre
—specification	profil de compétences
pertinence tree	arbre de pertinence
philosophy:	
company—	philosophie de l'entreprise

46

physical distribution management	gestion de la distribution physique
picket	piquet de grève
pie chart	graphique circulaire
piecework	travail à la pièce
pilot production	fabrication pilote
pioneer (to—)	innover
pioneer products	innovations
plan:	
action—	plan d'action
market—	plan de marché
share of production—*	*intéressement*
stock option—	plan optionnel d'achat d'actions
tactical—	plan tactique
planned:	
—maintenance	entretien systématique
—obsolescence	désuétude calculée
planning	planification
	planning
	établissement des plannings
	plan
—department	service planning
	bureau de planning
—programming budgeting system (PPBS)*	*rationalisation des choix budgétaires* (RCB)
career—	plan de carrière
company—	planification de l'entreprise
corporate—	planification de l'entreprise
departmental—	plan de divisions
distribution—	planning de distribution
financial—	plan financier
forward—	plan à longue échéance
long range—	planification à long terme
long term—	planification à long terme
manpower—	plan d'effectifs
operational—	planification des opérations
organisation—	planification de l'organisation
product—	planification du produit
production—	planning de la production
——and control	projet et contrôle de la production
profit—	planification des bénéfices
project—	plan de projet
sales—	planification des ventes
short term—	planification à court terme

plant

strategic—	plan stratégique
systems—	planification des systèmes

plant.
—bargaining*	*négociations au niveau local*
—capacity	capacité de l'usine
—hire	location d'équipement
—layout study	étude des implantations
—location	localisation d'usine
—manager	directeur d'usine

playing:
role—	jeu de rôles
ploughback	autofinancement
	bénéfice réinvesti

point:
—of sale	point de vente
	lieu de vente
—s rating method	méthode de qualification par points
breakeven—	seuil de rentabilité
	point mort
	point critique

policy:
—execution	exécution de la politique
—formulation	expression de la politique
—statement	rapport annuel
business—	politique générale de l'entreprise
company—	politique de l'entreprise
distribution—	politique de distribution
dividend—	politique de (versement des) dividendes
investment—	politique d'investissement
personnel—	politique du personnel
pricing—	politique de prix
promotional—	politique de promotion
sales—	politique de vente
selling—	politique de vente
pooling arrangements	dispositifs de mise en commun des ressources

portfolio:
—management	gestion de portefeuille
—selection	sélection de portefeuille

position:
competitive—	position concurrentielle

potential:
—buyer	acheteur potentiel
development—	potentiel de développement
growth—	potentiel de croissance

management—	potentiel des cadres
market—	marché potentiel
	marché tendanciel
sales—	potentiel de vente
power:	
earning—	capacité bénéficiaire
practices:	
management—	procédures de gestion
restrictive—(labour)	pratiques restrictives
(legal)	ententes
predetermined motion	PMTS
time system (PMTS)	méthode des temps
	prédéterminés
premium bonus	salaire à prime de rendement
present value method	méthode d'actualisation
president	président
vice—	vice-président
	sous-directeur
	chef de service
pressure	pression
preventive	entretien préventif
maintenance	
price:	
—cutting	réduction de prix
—determination	fixation des prix
—differential	différence des prix
—earnings ratio	taux de price-earnings
(P/E)	*rapport cours-bénéfices*
—escalation	flambée des prix
—fixing	fixation des prix
—leader	prix directeur
—range	échelle des prix
—structure	structure de prix
competitive—	prix défiant la concurrence
cut —s (to—)	brader les prix
differential—	prix différentiel
market—	prix du marché
	prix marchand
resale—maintenance	prix imposés
(RPM)	
pricing	établissement des prix
—policy	politique de prix
—strategy	stratégie de prix
transfer—	fixation des prix de transfert
probability theory	théorie des probabilités
problem:	
—analysis	analyse de problème

procedure

—areas	domaines problématiques
	zones critiques
—solving	résolution d'un problème
procedure	procédure
administrative control—	procédé de contrôle de gestion
grievance—*	*procédure prud'hommale*
systems and —s	méthodes administratives
process:	
—control	commande de processus
	régulation de processus
—costing	comptabilité par fabrication
—equipment layout	production groupée
decision—	processus de la décision
flow—chart	diagramme de circulation
logistic—	processus logistique
production—	processus de production
	procédé de fabrication
processing:	
batch—	traitement par lots
data—	traitement des données
	traitement de l'information
	informatique
automatic—— (ADP)	traitement automatique des données (TAD)
electronic—— (EDP)	traitement électronique de l'information (TEI)
information—	traitement de l'information
procurement	approvisionnement
product:	
—abandonment	suppression d'un produit
—advertising	publicité de produit
—analysis	analyse de produit
—area	domaine de produits
—conception	conception des produits
—costing	comptabilité industrielle
—design	dessin du produit
	conception du produit
—development	développement de produits
new——	développement de produits nouveaux
—differentiation	différenciation des produits
—diversification	diversification des produits
—dynamics	dynamique des produits
—generation	création des produits
—group	groupe de produits
	grille de produits
—image	image de produit

—improvement	amélioration de produits
—life	vie d'un produit
——expectancy	espérance de vie d'un produit
—line	gamme de produits
	ligne de produits
—management	gestion de produit
—manager	chef de produit
—mix	product-mix
	gamme de produits
—performance	comportement de produit
—planning	planification de produit
—profile	profil de produit
—profitability	rentabilité de produit
—range	éventail de produits
—research	recherche de produits
—strategy	stratégie de produit
—testing	test de produit
by-—	sous-produit
pioneer—	innovation
production:	
—control	surveillance de la production
	gestion de la production
	régulation de la production
—costs	coûts de production
—engineering	techniques de la production
—management	gestion de la production
	organisation de la production
—manager	chef de fabrication
—planning	planning de la production
——and control	projet et contrôle de la production
—process	processus de production
	procédé de fabrication
—schedule	programme de fabrication
—scheduling	programmation de la production
—standards	normes de production
—targets	objectifs de production
batch—	fabrication par lots
flow—	fabrication à la chaîne
continuous——	production continue
intensive—	exploitation intensive
line—	production à la chaîne
mass—	production en masse
	fabrication en série
modular—	fabrication par éléments normalisés
pilot—	fabrication pilote

share of—plan*	*intéressement*
productivity:	
—agreement*	*contrat de productivité*
	accord sur la sécurité de l'emploi
—bargaining*	*négociation des contrats de productivité*
—campaign	campagne de productivité
—drive	campagne de productivité
—measurement	mesure de la productivité
professionalisation	professionnalisation
profile:	
acquisition—	profil d'acquisition
company—	profil d'entreprise
customer—	profil de la clientèle
market—	profil du marché
product—	profil de produit
risk—	profil de risque
profit:	
centre	centre de profit
——accounting	comptabilité par centres de profit
—factor analysis	analyse des facteurs de profit
—goal	but de profit
—impact	incidence sur le profit
—implication	répercussion sur les bénéfices
—improvement	amélioration de la rentabilité
—margin	marge bénéficiaire
—maximisation	maximisation de profit
—motive	motivation par le profit
—optimisation	optimisation du profit
—outlook	perspectives de profit
—planning	planification des bénéfices
—projection	projection des profits
—sharing	participation aux bénéfices
—strategy	stratégie du profit
—target	objectif de profit
—volume ratio (P/V)	rapport profit sur ventes
cost volume— analysis	analyse volume-coûts-profits
gross—	bénéfice brut
net—	bénéfice net
profitability	rentabilité
—analysis	analyse de la rentabilité
product—	rentabilité de produit
programme:	
—budgeting*	*rationalisation des choix budgétaires (RCB)*

—evaluation and review technique (PERT)	méthode PERT
—package	programmes d'application
development—	programme de développement
investment—	programme d'investissements
programmed:	
—learning	enseignement programmé
	enseignement séquentiel
—management	gestion programmée
	direction par programmes
programming	programmation
	élaboration de programmes
computer—	programmation
dynamic—	programmation dynamique
linear—	programmation linéaire
non——	programmation non-linéaire
mathematical—	programmation mathématique
parametric—	programmation paramétrique
scientific—	programmation mathématique
progress:	
—control	contrôle de la production
work in—	travail en cours
progression:	
salary—curve	courbe d'augmentation de salaire
project:	
—analysis	étude de projet
—assessment	évaluation de projet
—management	project management
integrated——	gestion intégrée
—planning	plan de projet
capital—evaluation	étude de projet d'investissement
projection	projection
profit —	projection des profits
promotion:	
(personnel)	promotion du personnel
sales—	promotion des ventes
promotional:	
—mix*	*moyens d'action promotionnelle*
—policy	politique de promotion

prospects:	
market—	perspectives commerciales
psychology:	
industrial—	psychologie industrielle
public relations (PR)	relations publiques
purchasing	achats
—manager	chef des achats

Q

QC (quality control)	contrôle de qualité
	gestion de la qualité
total——	contrôle général de la qualité
quantity:	
economic batch—	effectif de série économique
economic	série économique de
manufacturing—	fabrication
	quantité économique de
	production
economic order—	quantité économique à
	commander
	quantité optimale de
	commande
queuing theory	théorie des files d'attente
quick asset	actif négociable
	actif disponible
quota:	
sales—	quota de ventes

R

R and D (research	R et D (recherche et
and development)	développement)
ROCE (return on	RCI (rentabilité des capitaux
capital employed)	investis)
RPM (resale price	prix imposés
maintenance)	
raising:	
capital—	mobilisation de fonds
random:	
—access	accès sélectif
—observation	méthode des observations
method	instantanées
—sampling	échantillonnage aléatoire
range:	
price—	échelle des prix
product—	éventail de produits

rate of return	rentabilité
	taux de rendement
internal—— (IRR)	taux de rendement interne
rating:	
credit—	réputation de solvabilité
market—	cours de bourse
merit—	appréciation du mérite
performance—	jugement d'allure
personnel—	appréciation du personnel
	notation de la main-d'oeuvre
points—method	méthode de qualification par points
ratio:	
accounting—	ratio comptable
capital-output—	ratio d'intensité de capital
cash—	ratio de trésorerie
	coefficient de trésorerie
cover—	taux de couverture
current—	coefficient de liquidité
debt—	ratio d'endettement
financial—	ratio financier
liquidity—	coefficient de liquidité
	taux de liquidité
management—	ratio de gestion
price-earnings— (P/E)	taux de price-earnings
	rapport cours-bénéfices
profit-volume— (P/V)	rapport profit sur ventes
rationalisation	rationalisation
rationing:	
capital—	rationnement de capitaux
real time	temps réel
recognition:	
brand—	identification d'une marque
reconstruction:	
company—	reconstitution de société
recovery:	
—of expenses	récupération des frais
	recouvrement de dépenses
overhead—	couverture des frais généraux
recruitment	recrutement
	embauche
redeployment	réorganisation
	reclassement (de main-d'oeuvre)
reduction:	
cost—	réduction des coûts

variety—	normalisation quantitative
redundancy	chômage partiel
	réduction du personnel
regression analysis	(analyse de) régression
multiple——(MRA)	régression multiple
relations:	
business—	relations d'affaires
employee—	relations avec les employés
	relations ouvrières
external—	relations extérieures
functional—	liaisons fonctionnelles
human—	relations humaines
industrial—	relations industrielles
	relations professionnelles
labour—	relations syndicales
	relations du travail
public—(PR)	relations publiques
remuneration	rémunération
	payement
reorganisation	réorganisation
replacement cost	coût de remplacement
representation:	
joint—	démarche collective
worker—	représentation du personnel
resale price	prix imposés
maintenance (RPM)	
research:	
—and development	recherche et développement
(R and D)	(R et D)
—department	service de recherche
advertising—	études publicitaires
consumer—	recherche des besoins des
	consommateurs
desk—*	*recherche de documentation*
	statistique
economic—	études économiques
field—	prospection sur le terrain
market—	analyse des marchés
	étude de marché
marketing—	recherche commerciale
motivational—	étude de motivation
operational—(OR)	recherche opérationnelle
	(RO)
operations—(OR)	recherche opérationnelle
	(RO)
product—	recherche de produits
reserve:	
contingency—	fonds de prévoyance

resistance:	
consumer—	résistance des consommateurs
resource:	
—allocation	allocation des ressources
	affectation des ressources
—appraisal	examen des ressources
resourcing:	
manpower—*	*recrutement et gestion des effectifs*
response:	
anticipatory—*	*anticipation stratégique*
lag—	décalage
responsibilities:	
allocation of—	répartition des responsabilités
responsibility:	
—accounting	comptabilité des sections
functional—	responsabilité fonctionnelle
linear—	responsabilité hiérarchique
restrictive practices:	
(labour)	pratiques restrictives
(legal)	ententes
restructuring	restructuration
results:	
payment by—	salaire au rendement
retained earnings	bénéfices non-distribués
retirement	retraite
retraining	recyclage
retrieval:	
information—	recherche documentaire
	récupération de données
return:	
—on capital	rendement de capital
———employed (ROCE)	rentabilité des capitaux investis (RCI)
—on equity	rendement des fonds propres
—on investment	rendement des investissements
	rentabilité d'investissements
—on sales	rentabilité des ventes
rate of—	rentabilité
	taux de rendement
internal——(IRR)	taux de rendement interne
revaluation of assets	réévaluation des actifs
review:	
financial—	examen financier
risk:	
—analysis	analyse des risques
—assessment	appréciation des risques

role

—capital	capital risques
—profile	profil de risque

role:

—playing	jeu de rôles
—set*	*ensemble des attributions*

room:

board—	salle du conseil

rotation:

job—	rotation des postes
routine	programme
	routine
diagnostic—	programme de diagnostic
routing	acheminement
running expenses	dépenses de fonctionnement
	charges d'exploitation

S

safety:

bank	stock de sécurité
—stock	stock de sécurité
	stock tampon

salary:

—progression curve	courbe d'augmentation de salaire
—structure	structure des salaires

sale:

point of—	point de vente
	lieu de vente

sales:

—analysis	analyse des ventes
—appeal	attraction commerciale
—area	territoire de vente
—budget	budget commercial
—coverage	couverture du marché
—department	services commerciaux
	département commercial
—drive	animation des ventes
—estimate	estimation des ventes
—expansion effort	effort d'accroissement des ventes
—expectations	ventes anticipées
—force	équipe de vente
—forecast	prévision des ventes
—goal	objectif de vente
—management	direction commerciale
	administration des ventes
—manager	chef de vente

—mix*	*éventail de produits*
	gamme commerciale
—planning	planification des ventes
—policy	politique de vente
—potential	potentiel de vente
—promotion	promotion des ventes
—quota	quota de ventes
—talk	arguments de vente
—territory	territoire de vente
—turnover	chiffre d'affaires
—volume	volume de ventes
	chiffre d'affaires
return on—	rentabilité des ventes
sampling:	
activity—	mesure du travail par sondage
random—	échantillonnage aléatoire
satisfaction:	
consumer—	satisfaction du
	consommateur
job—	satisfaction dans le travail
saturation:	
market—	saturation du marché
scale:	
economy of—	économie d'échelle
diseconomy of—	déséconomie d'échelle
scatter diagram	diagramme de dispersion
schedule	plan de travail
	programme
	calendrier
	horaire
production—	programme de fabrication
scheduling	ordonnancement
	programmation
production—	programmation de la
	production
scheme:	
bonus—	programme de primes
	d'encouragement
incentive—	programme de stimulants
	salariaux
suggestion—	système de suggestions
science:	
behavioural—	science du comportement
management—	science de la gestion
scientific:	
—management	organisation scientifique
	organisation scientifique du
	travail

screen

—programming	programmation mathématique
screen (to—)	passer au crible
	sélectionner
search:	
executive—	executive search
	assistance au recrutement des cadres
security:	
industrial—	contre-espionnage industriel
job—	sécurité de l'emploi
seeking:	
goal—	recherche des buts
segmentation:	
market—	segmentation des marchés
segments:	
market—	strates de marché
selection:	
portfolio—	sélection de portefeuille
self:	
—actualisation	autoréalisation
—appraisal	auto-critique
—financing	autofinancement
—liquidating	auto-amortissable
—motivation	automotivation
sellers' market	marché à la hausse
selling:	
—policy	politique de vente
direct—	vente directe
hard—	ventes à l'emporté
soft—	vente par des moyens discrets
switch—	vente à perte
semi-variable costs	charges semi-variables
sensitivity:	
—analysis	analyse de sensibilité
—training	éducation de la sensibilité
sensitise (to—)	sensibiliser
sequential analysis	analyse séquentielle
series:	
time—	chronique
	série chronologique
service:	
advisory —s	services de conseil interne
after-sales—	service après-vente
computer —s	services en informatique
——bureau	service de travaux à façon
	service bureau
customer—	service à la clientèle

extension —s	services logistiques
management —s*	*services fonctionnels*
	services de conseil interne
	services d'état-major
share:	
—capital	capital actions
—of production plan*	*intéressement*
earnings per—	bénéfice par action
market—	part du marché
sharing:	
profit—	participation aux bénéfices
time—	temps partagé
shop:	
—floor	ouvriers
	ateliers
—steward*	*délégué d'atelier*
closed—*	*pratique restrictive de recrutement imposée par les syndicats*
short term method	planification à court terme
shut down	immobilisation
	fermeture
simplex method	méthode du simplexe
simplification:	
job—	simplification du travail (SdT)
work—	simplification du travail (SdT)
simulate (to—)	simuler
simulation	simulation
computer—	simulation par ordinateur
sinking fund	fonds d'amortissement
sit down strike	grève sur le tas
skills analysis	analyse des aptitudes
soft selling	vente par des moyens discrets
software	software
—broker	courtier en software
—firm	société de software
sole agent	agent commercial exclusif
solving:	
problem—	résolution d'un problème
source and disposition of funds	ressources et emplois de capitaux
span:	
—of control	étendue des responsabilités
time—of discretion*	*délai de réflection*

specification

specification:	
job—	spécification de la fonction
	caractéristiques de poste
personnel—	profil de compétences
spin-off effects	retombées
spirit:	
entrepreneurial—	esprit d'entreprise
staff:	
—and line	structure staff and line
	organisation mixte
—assistant	attaché fonctionnel
—inspection	étude des besoins en personnel
—management	direction du personnel
—mobility	mobilité du personnel
—organisation	organisation fonctionnelle
	organisation horizontale
—transfers	transfers de personnel
	mutations dans le personnel
stagger of holidays	étalement des vacances
standard	standard
	norme
—cost	coût standard
—costing	méthode des coûts standards
—deviation	écart type
—performance	rendement standard
—time	temps standard
	temps de référence
budget—	standard budgétaire
cost—	norme de prix de revient
financial—	norme financière
performance—	norme de rendement
production—	norme de production
standardisation	normalisation
	standardisation
statement:	
policy—	rapport annuel
statistical control	contrôle statistique
stimulus:	
competitive—	stimulant compétitif
stock:	
—control	contrôle des stocks
	gestion des stocks
—option plan	plan optionnel d'achat d'actions
—turnover	mouvement des stocks
	rotation des stocks
—valuation	évaluation des stocks

buffer—	stock tampon
safety—	stock de sécurité
	stock tampon
stocktaking	inventaire (des stocks)
continuous—	inventaire permanent
storage:	
computer—	mémoire (d'un ensemble électronique)
store	mémoire
strategic:	
—interdependence	interdépendance des stratégies
—planning	plan stratégique
strategy:	
—formulation	élaboration des stratégies
—implementation	application de stratégie
brand—	stratégie de la marque
business—	stratégie des affaires
competitive—	stratégie concurrentielle
corporate—	stratégie de l'entreprise
defensive—	stratégie défensive
diversification—	stratégie de diversification
executive manpower—	stratégie des cadres
expansion—	stratégie d'expansion
financial—	stratégie financière
growth—	stratégie de croissance
marketing—	stratégie commerciale
negotiation—	stratégie de négociation
pricing—	stratégie de prix
product—	stratégie de produit
profit—	stratégie du profit
survival—	stratégie de survie
user—	stratégie de l'utilisateur
streamline (to—)	rationaliser
strike:	
official—	grève de compétence
sit down—	grève sur le tas
unofficial—	grève sauvage
wild cat—	grève sauvage
	grève non-contrôlée
structure (to—)	structurer
structure:	
authority—	structure d'autorité
capital—	répartition de capitaux
corporate—	structure de l'entreprise
cost—	structure des coûts
grid—	structure en grille

managerial—	hiérarchie
market—	structure du marché
organisation—	structure d'organisation
price—	structure de prix
salary—	structure des salaires
wage—	structure des salaires

structuring:
work—	restructuration du travail

study:
case—	étude de cas
feasibility—	étude préalable
	étude de faisabilité
gap—	étude d'écarts
market—	étude de marché
methods—	étude des méthodes
time and——	étude des temps et des méthodes
motion—	étude des mouvements
time and——	étude des périodes
	étude des temps et des mouvements
plant layout—	étude des implantations
time-	chronométrage
	étude des temps
work—	étude du travail

style:
managerial—	style de direction
subcontracting	sous-traitance
subliminal advertising	publicité subliminale
sub-optimisation	sous-optimisation
subsidiary company	filiale

succession:
management—*	*plans de succession*
	plans de remplacement
suggestion scheme	système de suggestions
supervisor	surveillant
	agent de maîtrise
supervisory management	maîtrise
support activities	fonctions complémentaires

survey:
attitude—	enquête d'opinion
market—	étude de marché
survival strategy	stratégie de survie
switch selling	vente à perte
syndicate	consortium
	syndicat
synergy	synergie

system	système
—s analysis	analyse des systèmes
—s and procedures	méthodes administratives
—s approach	approche par la théorie des systèmes
—s design	conception des systèmes
—s engineering	engineering des systèmes
	mise en oeuvre des systèmes
—managed company	entreprise dirigée de façon systématisée
—s management	direction systématisée
	gestion par les systèmes
—s planning	planification des systèmes
—s theory	théorie des systèmes
estimating —s costs	évaluation des coûts de systèmes
information—	système d'information
computerised—— (COINS)	système d'information par ordinateur
management—— (MIS)	système d'information de management (SIM)
management—	système de direction
integrated——	système intégré de gestion
planning programming budgeting— (PPBS)*	rationalisation des choix budgétaires (RCB)
predetermined motion time— (PMTS)	méthode des temps prédéterminés (PMTS)
systematise (to—)	systématiser

T

T-group training	groupe de diagnostic
	T-groupe
TWI (training within industry)*	formation accélérée dans l'entreprise
	formation pratique des chefs
tactical plan	plan tactique
tactics:	
competitive—	tactiques concurrentielles
take off	décollage
takeover	prise de contrôle
—bid	offre publique d'achat (OPA)
talk:	
sales—	arguments de vente

tangible assets	valeurs matérielles
	valeurs tangibles
target	objectif
	but
—setting	fixation des objectifs
production—	objectif de production
profit—	objectif de profit
task force	groupe d'intervention
tax:	
corporation—	impôt sur les sociétés
value added—(VAT)	taxe à la valeur ajoutée (TVA)
taxation relief:	
double——	suppression de la double imposition
techniques:	
management—	techniques de gestion
technological forecasting	prévision technologique
technology:	
information—	informatique
tender	appel d'offre (AO)
terminal	terminal
	console
territory:	
sales—	territoire de vente
test:	
—marketing	test de marché
aptitude—	test d'aptitude
market—	test de vente
	vente expérimentale
testing:	
field—	test sur place
product—	test de produit
theme:	
advertising—	thème publicitaire
theory:	
administrative—	théorie administrative
communication—	théorie des communications
decision—	théorie des décisions
game—	théorie des jeux
information—	théorie de l'information
management—	théorie de la gestion de l'entreprise
organisation—	théorie d'organisation
probability—	théorie des probabilités
queueing—	théorie des files d'attente
systems—	théorie des systèmes

thinking:	
creative—	matière grise
	pensée créatrice
throughput	données en traitement
thrust:	
competitive—	percée commerciale
time:	
—and methods study	étude des temps et des méthodes
—and motion study	étude des périodes
	étude des temps et des mouvements
—series	chronique
	série chronologique
—sharing	temps partagé
—span of discretion*	*délai de réflection*
—study	chronométrage
	étude des temps
down—	temps mort
	temps d'arrêt
lead—	délai de suite
	délai de livraison
predetermined motion— system (PMTS)	méthodes des temps prédéterminés (PMTS)
real—	temps réel
standard—	temps standard
	temps de référence
top management	haute direction
	cadres supérieurs
	cadres dirigeants
——approach	optique de la direction générale
total quality control	contrôle général de la qualité
trade association*	*organisation professionnelle*
trade-off	substituabilité
trade union	syndicat (ouvrier)
trading:	
—area	territoire de vente
	secteur de vente
patent—	échange de brevets
trainee turnover	rotation des stagiaires
training	formation
	perfectionnement
—officer	directeur de formation

—within industry (TWI)*	*formation accélérée dans l'entreprise*
	formation pratique des chefs
analytical—	formation par étapes
booster—	recyclage
group—*	*action collective de formation*
in-plant—	formation dans l'entreprise
off-the-job—	formation extérieure
	formation institutionnelle
on-the-job—	formation sur le tas
	formation sur le terrain
part-analysis—	formation par étapes
sensitivity—	éducation de la sensibilité
T-group—	groupe de diagnostic
	T-groupe
vocational—	formation professionnelle
transfer:	
—pricing	fixation des prix de transfert
staff—	transferts de personnel
	mutations dans le personnel
transportation	transport
tree:	
decision—	arbre de décision
family—	arbre généalogique
pertinence—	arbre de pertinence
trend	tendance
economic—	évolution économique
	conjoncture
exponential—	tendance exponentielle
market—	tendance du marché (à long terme)
	orientation du marché (à court terme)
trouble shooting	dépannage
turnover:	
inventory—	rotation des stocks
labour—	turnover des employés
	rotation de personnel
	mutation de personnel
sales—	chiffre d'affaires
stock—	mouvement des stocks
	rotation des stocks
trainee—	rotation des stagiaires

U

unbundling	séparation des tarifs
under-capitalised	sous-capitalisé

unofficial strike	grève sauvage
user:	
—attitude	attitude des utilisateurs
—strategy	stratégie de l'utilisateur
utilisation:	
capacity—	utilisation de la capacité

V

VA (value analysis)	analyse de la valeur
VAT (value added tax)	TVA (taxe à la valeur ajoutée)
valuation:	
stock—	évaluation des stocks
value:	
—added	valeur ajoutée
——tax (VAT)	taxe à la valeur ajoutée (TVA)
—analysis (VA)	analyse de la valeur
—concept	concept de valeur
—engineering	analyse des coûts
	analyse de la valeur
book—	valeur comptable
break-up—	valeur de récupération
market—	valeur vénale
	valeur marchande
net present—(NPV)	valeur actuelle nette
present—method	méthode d'actualisation
variable:	
—costs	coûts variables
semi——	charges semi-variables
—costing	comptabilité analytique
variance	écart
	variance
—analysis	analyse des écarts
cost—	écart des coûts
variety reduction	normalisation quantitative
venture:	
—capital	commandite
—management	gestion des risques
joint—	action concertée
——company*	*société d'exploitation en commun*
vertical integration	intégration verticale
viability	validité
	viabilité
viable	valable
vice-chairman	vice-président

vice-president	vice-président
	sous-directeur
	chef de service
vocational:	
—guidance	orientation professionnelle
—training	formation professionnelle
volume	volume
cost—profit analysis	analyse volume-coûts-profits
profit—ratio (P/V)	rapport profit sur ventes
sales—	chiffre d'affaires
	volume de ventes

W

wage:	
—differential	éventail de salaires
—structure	structure des salaires
walkout	grève surprise
warehousing	entreposage
	emmagasinage
wild cat strike	grève sauvage
	grève non-contrôlée
winding up	liquidation
	cessation de commerce
window dressing	truquage (du bilan)
work:	
—content	contenu du travail
—cycle	cycle de travail
—in progress	travail en cours
—load	charge de travail
—measurement	mesure du travail
clerical——(CWM)	chronométrage des travaux administratifs
—simplification	simplification du travail (SdT)
—structuring	restructuration du travail
—study	étude du travail
—to rule	grève du zèle
worker:	
—participation	participation ouvrière
—representation	représentation de personnel
working:	
—capital	fonds de roulement
—party	groupe de travail
works:	
—council	comité d'entreprise
—manager	chef d'établissement

worth:
  net—   valeur nette

Y

yardstick   critère d'appréciation
                              moyen d'évaluation

year:
  financial—   exercice (financier)
                              exercice (social)
yield   rendement
                              production
  earnings—   rendement

Z

Z chart   diagramme en Z
                              graphique en dents de scie

A

AF (analyse fonctionnelle)	functional analysis
AO (appel d'offre)	tender
absentéisme	absenteeism
absorption	absorption
	amalgamation
	merger
coût d'—	absorption costing
acceptabilité de la marque	brand acceptance
accès:	
—multiple	multi access
—sélectif	random access
accord sur la sécurité de	*job security agreement*
l'emploi*	*productivity agreement*
accoutumance:	
courbe d'—	learning curve
accueil (des nouveaux)	induction
achalandage	goodwill
achat:	
chef des —s	purchasing manager
	chief buyer
comportement d'—	buying behaviour
mobile d'—	purchasing motivator
offre publique d'—(OPA)	take-over bid
plan optionnel d'—	stock option plan
d'actions	
acheminement	routing
	dispatching
graphique d'—	flow chart
	flow process chart
acheteur potentiel	potential buyer
acquisition	acquisition
—de données	data acquisition
profil d'—	acquisition profile
actif	assets
—circulant	current assets
—disponible	liquid assets
	quick assets
—immatériel	intangible assets
—immobilisé	fixed assets
—négociable	liquid assets
	quick assets
—net	net assets
—réalisable	current assets
	liquid assets

scission d'—	divestment (of assets)
actifs:	
réévaluation des—	re-evaluation of assets
valeur des—	asset value
action:	
bénéfice par—	earnings per share
plan d'—	action plan
actions:	
capital—	share capital
plan optionnel d'achat d'—	stock option plan
activer	activate (to—)
activités:	
graphique des—	activity chart
actualisation:	
méthode d'—	present value method
actualisé:	
cash flow—	discounted cash flow (DCF)
actuelle:	
valeur—nette	net present value (NPV)
adaptation du travail à l'homme	ergonomics human engineering
adaptif:	
contrôle—	adaptive control
adjoint:	
directeur—	deputy manager assistant director
directeur général—	deputy managing director
administrateur	outside director non-executive director
administratifs:	
frais—	administrative expenses
administration	administration management
—centrale	head office (administrative)
—du personnel	personnel management
—des ventes	sales management
conseil d'—	board of directors executive board
réunion du———	board meeting
administrative:	
méthodes—s	systems and procedures
théorie—	administrative theory

affaires:	
chiffre d'—	turnover
	sales volume
gestion des—	business management
relations d'—	business relations
stratégie des—	business strategy
affectation:	
—s budgétaires	budget appropriations
—des charges	cost allocation
—des ressources	resource allocation
—des tâches	job assignment
affiliée:	
société—	associate company
	affiliate company
agent:	
—commercial exclusif	sole agent
—de maîtrise	supervisor
—de publicité	advertising agent
ajoutée:	
valeur—	value added
taxe à la——(TVA)	value added tax (VAT)
aléatoire:	
échantillonnage—	random sampling
sondage—	random sampling
algorithme	algorithm
allocation:	
—des fonds	budget appropriations
—des ressources	resource allocation
allure:	
jugement d'—	performance rating
amélioration:	
—de produit	product improvement
—de la rentabilité	profit improvement
—des tâches	job improvement
amortissable:	
auto—	self-liquidating
amortissement:	
fonds d'—	sinking fund
provision pour—	depreciation allowance
analogique:	
ordinateur—	analogue computer
représentation—	analogue representation
analyse:	
—coût-profit	cost-benefit analysis (CBA)
—des aptitudes	skills analysis

analytique

—des avantages-coûts	cost-benefit analysis (CBA)
—des besoins	needs analysis
—du chemin critique	critical path analysis (CPA)
—des concurrents	competitor analysis
—des contributions (à la marge)	contribution analysis
—des coûts	value engineering
—de la décision	decision analysis
—des écarts	variance analysis
—des facteurs de profit	profit factor analysis
—des investissements	investment analysis
—des marchés	market research
—de média	media analysis
—des postes de travail	job analysis
—du prix de revient	cost analysis
—de problème	problem analysis
—de produit	product analysis
—de régression	regression analysis
—de la rentabilité	profitability analysis
—de réseau	network analysis
—des risques	risk analysis
—des systèmes	systems analysis
—des tâches	operations analysis
—du travail	job analysis
—de la valeur	value analysis (VA)
—de variance	variance analysis
—des ventes	sales analysis
—dynamique	dynamic analysis
—en profondeur	depth analysis
—entrées-sorties	input-output analysis
—financière	financial analysis
—fonctionnelle (AF)	functional analysis
—marginale	incremental analysis
	marginal analysis
—morphologique	morphological analysis
—séquentielle	sequential analysis
—volume-coûts-profits	cost volume profit analysis

analytique:
comptabilité—	cost accounting
	analytic accounting

animation des ventes	sales drive

annexes:
avantages—	fringe benefits

anticipées:
ventes—	sales expectations

76

apparentée:	
société—	associate company
	affiliate company
appel d'offre (AO)	tender
application:	
—de stratégie	strategy implementation
programmes d'—	programme package
apport	contribution (in a take-over)
appréciation	assessment
	appraisal
—des investissements	investment appraisal
—du mérite	merit rating
—des performances	performance appraisal
—du personnel	personnel rating
—du rendement	performance appraisal
—des risques	risk assessment
critère d'—	yardstick
approvisionnement	procurement
	supply
	purchases
chef d'—	procurement manager
après-vente:	
service—	after-sales service
aptitude:	
analyse des —s	skills analysis
test d'—	aptitude test
apurer un compte	audit (to—)
arbitrage	arbitration
arbre:	
—de décision	decision tree
—de pertinence	pertinence tree
—généalogique	family tree
arguments de vente	sales talk
arrêt:	
temps d'—	down time
associés	partners
atelier:	
chef d'—	(shop) foreman
	first line manager
	departmental head
attitude des utilisateurs	user attitude
attraction commerciale	sales appeal
audit interne	internal audit
auto:	
—-amortissable	self-liquidating
—critique	self appraisal

autodéveloppement

—réalisation	self actualization
autodéveloppement	personal growth
	advancement
autofinancement	self financing
	ploughback
automatique:	
traitement—des données (TAD)	automatic data processing (ADP)
automatisation	automation
automotivation	self-motivation
autorité:	
—hiérarchique	line authority
structure d'—	authority structure
avantage concurrentiel	competitive advantage
avantages:	
—annexes	fringe benefits
—sociaux	fringe benefits
analyse des—coûts	cost-benefit analysis (CBA)
avoirs	

B

banque de données	data bank
	data base
	computer bank
bâtons:	
diagramme en—	bar chart
bénéfice:	
—brut	gross profit
—net	net profit
—par action	earnings per share
—réinvesti	ploughback
bénéfices:	
—non distribués	retained earnings
	undistributed profit
participation aux—	profit sharing
planification des—	profit planning
rapport cours—	price-earnings ratio (P/E)
bénéficiaire:	
capacité—	earning power
marge—	profit margin
besoins:	
analyse des—	needs analysis
biens:	
—de consommation	consumer goods
—d'équipement	capital goods

—industriels	industrial goods
bilan:	
—consolidé	consolidated accounts
contrôle du—	balance sheet auditing
bord:	
tableau de—	management chart
boucle fermée	closed loop
bourse:	
cours de—	market rating
brader les prix	cut prices (to—)
brevets	patents
échange de—	patent trading
brut:	
bénéfice—	gross profit
brute:	
marge—	gross margin
budget	budget
	budgeting
—commercial	sales budget
—d'équipement	capital budget
—d'investissement	investment budget
—de marketing	marketing budget
—de publicité	advertising budget
—de trésorerie	cash budget
—flexible	flexible budget
établissement du—	budgeting
préparation du—	budgeting
budgétaire:	
comptabilité—	budgeting
contrainte—	budget constraint
contrôle—	budgetary control
	budgeting control
écart—	budgetary variance
gestion—	budgetary control
prévision—	budget forecasting
budgétaires:	
affectations—	budget appropriations
rationalisation des choix— (RCB)*	*planning, programming and budgeting system (PPBS)*
	output budgeting
	programme budgeting
	performance budgeting
	functional costing
standards—	budget standards
	budgetary standards

budgétisation	budgeting
—des investissements	capital budgeting
bureau:	
—de dessin*	*design office*
—d'études*	*research department*
	design office
—des méthodes*	*methods study department*
—de planning	planning department
bureaux:	
organisation des—	office management
but	goal
—de l'entreprise	company goal
	corporate goal
buts:	
recherche des—	goal seeking

C

c.c. (convention collective)	collective bargaining agreement
CE (comité d'entreprise)	works council
cadre	executive
	manager
cadres	management
—dirigeants	top management
—moyens	middle management
—supérieurs	top management
formation des—	executive training
	management training
perfectionnement des—	executive development
	management development
potentiel des—	management potential
promotion des—	
	executive advancement
rémunération des—	executive remuneration
	executive compensation
stratégie des—	executive manpower strategy
calcul:	
centre de—	computer centre
calculateur numérique	digital computer

calculée:	
désuétude—	built-in obsolescence
	planned obsolescence
campagne:	
—de productivité	productivity campaign
	productivity drive
—de publicité	advertising campaign
	advertising drive
canaux:	
—de communication	communication channels
—de distribution	distribution channels
capacité:	
—bénéficiaire	earning power
—de production	manufacturing capacity
—de l'usine	plant capacity
utilisation de la—	capacity utilisation
capital:	
—actions	share capital
—d'emprunt	loan capital
—émis	issued capital
—investi	capital employed
récupération du——	payback
—nominal	authorised capital
—risques	risk capital
—social	authorised capital
—souscrit	issued capital
formation de—	capital formation
ratio d'intensité de—	capital-output ratio
rendement de—	return on capital
capitalisation	capitalisation
capitalisé:	
sous-—	under-capitalised
capitaliser	capitalise (to—)
capitaux:	
—circulants	circulating capital
—permanents	fixed assets
—propres*	*capital and reserves*
—roulants	circulating capital
rationnement de—	capital rationing
rentabilité des— investis (RCI)	return on capital employed (ROCE)
ressources et emplois de—	source and disposition of funds
caractéristiques de poste	job specification
	job characteristics

carrière:	
développement de—	career path
perspectives de—	job expectations
plan de—	career planning
cas:	
étude de—	case study
cash flow:	
——actualisé	discounted cash flow (DCF)
——marginal	incremental cash flow
cellulaire:	
gestion—	divisional management
central:	
fichier—	data bank
	computer bank
	data base
centrale:	
administration—	head office (administrative)
centralisation	centralisation
centre:	
—de calcul	computer centre
—de coût	cost centre
—de profit	profit centre
comptabilité par —s ——	profit centre accounting
—de responsabilité	responsibility centre
chaîne:	
—de montage	assembly line
—de production	production line
	chain of production
fabrication à la—	flow production
production à la—	line production
	chain production
charge:	
—de travail	work load
facteur de—	load factor
indice de—	load factor
taux de—	load factor
charges:	
—d'exploitation	running costs
	operating expenses
—directes	direct expenses
—indirectes	indirect expenses
affectation des—	cost allocation
étude des—	cost analysis

imputation des—	cost allocation
	apportionment of costs
chef	manager
	executive
—comptable	chief accountant
—des achats	purchasing manager
	chief buyer
—d'approvisionnement	procurement manager
—d'atelier	(shop) foreman
	first line manager
	departmental head
—de distribution	distribution manager
—d'équipe	foreman
	superintendent
—d'établissement	works manager
	plant manager
—de fabrication	production manager
—de marque	brand manager
—du personnel	personnel manager
	staff manager
—de produit	product manager
—de vente	sales manager
—direct	line manager
sous—	assistant manager
chemin critique:	
analyse du— —	critical path analysis (CPA)
méthode du— —	critical path method (CPM)
chiffre:	
—d'affaires	turnover
	sales volume
—repère	bench mark
choix budgétaires:	
rationalisation des— — (RCB)*	*planning programming budgeting system* (PPBS)
	output budgeting
	performance budgeting
	programme budgeting
	functional costing
chômage partiel	redundancy
chronique	time series
chronologique:	
série—	time series
chronométrage	time study

83

circuit de distribution	distribution chain
circulaire:	
graphique—	pie chart
circulant:	
actif—	current assets
capitaux —s	circulating capital
circulation:	
diagramme de—	flow chart
	flow process chart
classification:	
—des emplois	job evaluation
—des fonctions	job classification
client:	
orientation du—	customer orientation
clientèle:	
profil de la—	customer profile
service à la—	customer service
clignotant*	*indicator of alert*
coefficient:	
de liquidité	liquidity ratio
	current ratio
—de trésorerie	cash ratio
collecte de données	data gathering
collective:	
convention—	collective bargaining agreement
démarche—	joint representation
prime—	group bonus
	group incentive
collectives:	
négociations—	collective bargaining
collusion	collusion
comité:	
—de direction	board of directors
	executive board
—d'entreprise (CE)	works council
commande:	
—de processus	process control
—numérique	numerical control
quantité optimale de—	economic order quantity
commandement:	
hiérarchie de—	chain of command
commander:	
quantité économique à—	economic order quantity
commandite	venture capital

commercial:	
agent—exclusif	sole agent
budget—	sales budget
département—	sales department
directeur—	marketing manager
	sales manager
ingénieur—	sales engineer
commerciale:	
attraction—	sales appeal
créativité—	creative marketing
direction—	commercial management
	sales management
gestion—	market management
percée—	market thrust
recherche—	marketing research
stratégie—	marketing strategy
commerciales:	
perspectives—	market prospects
commercialisation	marketing
	merchandising
commerciaux:	
services—	sales department
	marketing department
commissaire aux comptes	auditor
commun:	
langage—	common language
communication:	
canaux de—	communication channels
voies de—	communication channels
communications:	
réseau de—	communications network
théorie de—	communications theory
comparaison inter-entreprises	inter-firm comparison
compétence:	
—dans le travail	job-competence
—de management	executive competence
	management competence
compétitif:,	
stimulant—	competitive stimulus
complémentaires:	
fonctions—	support activities

85

complet:
coût—	full cost
	absorption costing

comportement:
—d'achat	buying behaviour
—du consommateur	consumer behaviour
—de produit	product performance
science du—	behavioural science

comptabilité
	accounting
	accounting department
—analytique	cost accounting
(d'exploitation)	analytic accounting
—budgétaire	budgeting
—de gestion	management accounting
—de prix de revient	cost accounting
—industrielle	cost accounting
	analytic accounting
—marginale	marginal costing
—par centres de profit	profit centre accounting
—par fabrication	process costing

comptable:
chef—	chief accountant
modèle—	accounting model
ratio—	accounting ratio
valeur—	book value

comptables:
services—	accounts department
	accounting department

compte:
apurer un—	audit (to—)

comptes:
—de groupe	group accounts
commissaire aux—	auditor
vérificateur des—	auditor
	comptroller
	controller
vérification des—	audit
	auditing

concept de valeur	value concept

conception:
—des produits	product design
	product conception
—des systèmes	systems design
—des tâches	job design
étude de—	design engineering

conciliation	conciliation
concurrents:	
analyse des—	competitor analysis
concurrentiel:	
avantage—	competitive advantage
concurrentielle:	
position—	competitive position
conditions d'embauche	conditions of employment
conditionnement	packaging
conflit du travail	labour dispute
conglomérat	conglomerate
conjoncture*	*economic situation*
connaissance des coûts	cost awareness
connecté (à l'ordinateur)	on line
conscience des coûts	cost consciousness
conseil:	
—d'administration	board of directors
	executive board
réunion du———	board meeting
—de direction	board of directors
—de gestion	(management) consultant
	consultancy
—de prud'hommes	conciliatory board
—de surveillance*	*supervisory board*
—en direction	(management) consultant
ingénieur-—	(management) consultant
salle du—	board room
services de—interne	advisory services
conseiller de direction	(management) consultant
consolidation	consolidation
consolidé:	
bilan—	consolidated accounts
consommateur:	
comportement du—	consumer behaviour
satisfaction du—	consumer satisfaction
consommateurs:	
panel de—	consumers' panel
réceptivité des—	consumer acceptance
résistance des—	consumer resistance
consommation:	
biens de—	consumer goods
consulting	consultancy
consultations paritaires	joint consultation

containeurisation	containerisation
contenu du travail	job content
	work content
continue:	
production—	continuous flow production
contrainte budgétaire	budget constraint
contre-espionnage industriel	industrial security
contremaître	foreman
	first line manager
contributions:	
analyse des— (à la marge)	contribution analysis
contrôle	control
	audit
—adaptif	adaptive control
—budgétaire	budgetary control
	budgeting control
—du bilan	balance sheet auditing
—du crédit	credit control
—des couts	cost control
—de direction	managerial control
—de fabrication	manufacturing control
—de gestion	managerial control
	management audit
	budgetary control
—des opérations	operations audit
—de qualité	quality control
—des stocks	stock control
	inventory control
—financier	financial control
—interne	internal audit
—par lots	batch control
—statistique	statistical control
éventail de—	span of control
information de—	control information
prise de—	take-over
contrôlée:	
grève non—	wild cat strike
contrôlés:	
coûts—	managed costs
contrôleur de gestion	controller
	comptroller
convention collective	collective bargaining agreement
courbe:	
—d'accoutumance	learning curve

—de vie (d'un produit)	product life cycle
cours:	
—de bourse	market rating
rapport—-bénéfices	price-earnings ratio (P/E)
travail en—	work in progress
court terme:	
dettes à——	current liabilities
planification à——	short term planning
	short range planning
courtier en software	software broker
coût:	
—complet	full cost
	absorption costing
—d'absorption	absorption costing
—d'opportunité	opportunity cost
—de remplacement	replacement cost
—efficacité	cost effectiveness
—moyen	average cost
analyse—-profit	cost benefit analysis (CBA)
centre de—	cost centre
facteur—	cost factor
méthode du—proportionnel	direct costing
coûts:	
—constants	fixed costs
—contrôlés	managed costs
—de la distribution	distribution costs
—de production	production costs
—directs	direct costs
	direct costing
méthode des——	direct costing
—fixes	fixed costs
—indirects	indirect costs
—marginaux	marginal costs
méthode des——	marginal costing
—semi-variables	semi-variable costs
—standards	standard costs
méthode des——	standard costing
—variables	variable costs
analyse des—	value engineering
analyse volumes—-profits	cost volume profit analysis
connaissance des—	cost awareness
conscience des—	cost consciousness
contrôle des—	cost control
écart des—	cost variance
réduction des—	cost reduction

89

structure des—	cost structure
couverture:	
—du marché	sales coverage
taux de—	cover ratio
création de produits	product generation
créativité commerciale	creative marketing
crédit:	
—-bail*	*leasing*
contrôle du—	credit control
évaluation de—	credit rating
gestion de—	credit management
créditeur	creditor
créneau	market opportunity
crible:	
passer au—	screen (to—)
critère:	
—d'appréciation	yardstick
—d'investissement	investment criteria
critique:	
auto-—	self appraisal
masse—	critical mass
point—	breakeven point
zone—	problem area
croissance:	
—de l'entreprise	corporate growth
indice de—	growth index
industrie en—rapide	growth industry
potentiel de—	growth potential
secteur de—	growth area
stratégie de—	growth strategy
	expansion strategy
cybernétique	cybernetics
cycle:	
—de travail	work cycle
—de vie (d'un produit)	product life cycle
—économique	business cycle
	trade cycle

D

DPO (direction par objectifs)	MBO (management by objectives)
débiteur	debtor
débouchés:	
examen des—	market study
décentralisation	decentralisation
décision:	
analyse de la—	decision analysis

arbre de—	decision tree
modèle de—	decision model
préparation de la—	preparing decisions
prise de—	decision making
processus de la—	decision process
décisions:	
théorie des—	decision theory
décollage	take off
décomposition des tâches	operations breakdown
	job breakdown
défensive:	
stratégie—	defensive strategy
définition:	
—de fonction	job description
—des objectifs	objective setting
délai:	
—de livraisons	lead time
	delivery time
—de réalisation	lead time
—de récupération (du capital investi)	payback period
—de suite	lead time
délégation (de pouvoirs)	delegation
délégué syndical	trade union representative
demande:	
évaluation de la—	demand assessment
démarche collective	joint representation
démocratie industrielle	industrial democracy
dents de scie:	
graphique en———	Z chart
dépannage	trouble shooting
département:	
—commercial	sales department
gestion par—	departmental management
départementalisation	departmentalisation
dépenses:	
—d'investissement	capital expenditure
recouvrement des—	recovery of expense
déploiement	deployment
dérivé:	
produit—	by-product
description de poste	job description
	job title
déséconomie d'échelle	diseconomy of scale
désinvestissement	disinvestment

91

dessin:
  —du produit — product design
  bureau de—* — *design office*
désuétude calculée — built-in obsolescence
  — planned obsolescence

dettes à court terme — current liabilities
développement:
  —du produit — product development
  —personnel — personal growth
  potentiel de— — development potential
  programme de— — development programme

  recherche et— (R et D) — research and development (R and D)

diagnostic:
  —d'évaluation de gestion — management audit
  —de groupe — T-group
  —financier — financial analysis
  programme de— — diagnostic routine
diagramme:
  —de circulation — flow chart
  — flow process chart
  —de dispersion — scatter diagram
  —en bâtons — bar chart
différenciation (de produit) — (product) differentiation

différentiels:
  prix— — differential prices
direct:
  chef— — line manager
directe:
  charge— — direct expense
  main-d'oeuvre— — direct labour
  — productive labour
  publicité— — direct mail
  vente— — direct selling
directs:
  coûts— — direct costs
  — direct costing
  méthode des—— — direct costing
directeur — manager
  — director
  — executive
  —adjoint — deputy manager
  — assistant director
  —commercial — marketing manager
  — sales manager

—de fabrication	production director
—de formation	training officer
—de la publicité	advertising manager
—d'usine	plant manager
	works manager
—financier	financial director
—général	general manager
	managing director
	chief executive
	executive director
——adjoint	deputy managing director
—hiérarchique	line manager
—technique	technical manager
	works manager
prix—	price leader
sous-—	assistant manager
	vice-president
direction	management
	administration
	leadership
—commerciale	sales management
	commercial management
—du personnel	staff management
	personnel management
	personnel department
—des ventes	sales management
	sales department
—efficace	effective management
—financière	financial management
—générale	general management
	top management
	board
optique de la——	top management approach
—multiple	multiple management
—opérationnelle	operating management
—par objectifs (DPO)	management by objectives (MBO)
—par programmes	programmed management
—participative	participative management
—systématisée	systems management

directoire

comité de—	board of directors
	executive board
conseil de—	executive board
conseil en—	(management)
	consultant
conseiller de—	(management)
	consultant
contrôle de—	managerial control
efficacité de la—	managerial
	effectiveness
équipe de—	management team
fonctions de—	managerial functions
haute—	top management
style de—	managerial style
	leadership
système de—	management system
directoire*	*board of directors*
dirigeant	executive
	manager
	executive
—opérationnel	line executive
cadre—	top management
personnel—	management staff
diriger	manage (to—)
dispersion:	
diagramme de—	scatter diagram
disponible:	
actif—	liquid assets
	quick assets
produit—	cash flow
dissolution	dissolution
	shut down
distribués:	
bénéfices non-—	retained earnings
	undistributed profit
distribution	distribution
—des fréquences	frequency
	distribution
canaux de—	distribution channels
chef de—	distribution manager
circuit de—	chain of distribution
coûts de la—	distribution costs
planning de—	distribution planning
politique de—	distribution policy
réseau de—	distribution network
diversification (des produits)	(product)
	diversification

stratégie de—	diversification strategy
diversifier	diversify (to—)
dividendes	dividends
politique (de versement) de—	dividend policy
divisions:	
gestion de—	divisional management
plan de—	departmental planning
	departmental plan
documentaire:	
recherche—	information retrieval
domaines:	
—de produits	product areas
—problématiques	problem areas
données:	
—d'entrée	input (data)
acquisition de—	data acquisition
banque de—	data bank
	computer bank
	data base
collecte de—	data gathering
extraction de—	information retrieval
récupération de—	information retrieval
saisie des—	data acquisition
traitement automatique des— (TAD)	automatic data processing (ADP)
données statistiques:	
rassemblement de——	data gathering
recueil de——	data gathering
double imposition:	
suppression de la——	double taxation relief
durée de vie économique	economic life
dynamique:	
—des groupes	group dynamics
	methectics
—de marché	market dynamics
—de produits	product dynamics
—industrielle	industrial dynamics
analyse—	dynamic analysis
programmation—	dynamic programming

E

écart	variance
	divergence
	gap
—budgétaire	budgetary variance

—des coûts	cost variance
— -type	standard deviation
écarts:	
analyse des—	variance analysis
échange de brevets	patent trading
échanges inter-industriels:	
tableau d'——	input-output table
échelle:	
—des prix	price range
économie d'—	economy of scale
déséconomie d'—	diseconomy of scale
économie:	
—d'échelle	economy of scale
—des mouvements	motion economy
économique:	
cycle—	business cycle
	trade cycle
effectif de série—	economic batch quantity
étude	economic research
mission—	economic mission
quantité—à commander	economic order quantity
quantité—de production	economic manufacturing quantity
série—de fabrication	economic manufacturing quantity
vie—(de produit)	economic life (of a product)
durée de——	economic life
économiste d'entreprise	business economist
effectif de série économique	economic batch quantity
effectifs:	
gestion des—	manpower management
inventaire des—	manpower audit
plan d'—	manpower planning
efficace:	
direction—	effective management
efficacité	efficiency
	effectiveness
—de la direction	managerial effectiveness
—publicitaire	advertising effectiveness

96

coût-efficience	cost effectiveness efficiency productivity
élaboration:	
—des programmes	programming
—des stratégies	strategy formulation
élargissement du travail	job enlargement
élasticité	elasticity
électronique:	
ensemble—de gestion	electronic accounting system
traitement—de l'information (TEI)	electronic data processing (EDP)
élément du prix de revient	cost factor
emballage	packing
embauche:	
conditions d'—	conditions of employment
émis:	
capital—	issued capital
emmagasinage	warehousing storing
emploi:	
planification de l'—	manpower planning
prévision de l'—	manpower forecasting manpower forecast
sécurité de l'—	job security
accord sur la———*	*job security agreement productivity agreement*
emplois:	
classification des—	job evaluation
évaluation des—	job evaluation
ressources et—de capitaux	source and disposition of funds
employés:	
relations avec les—	employee relations
turnover des—	staff turnover
emporté:	
ventes à l'—	hard selling
emprunt:	
capital d'—	loan capital
sources d'—	borrowing facilities
encadrement	management
personnel d'—	management staff
encouragement:	
programme de primes d'—	bonus scheme incentive scheme

endettement:	
ratio d'—	debt ratio
engagement d'investissement	capital commitment
enquête d'opinion	attitude survey
	opinion survey
enrichissement du travail	job enrichment
enseignement:	
—programmé	programmed learning
—séquentiel	programmed learning
ensemble électronique de gestion	electronic accounting system
entente	agreement
	restrictive practice
entrée	(computer) input
données d'—	input (data)
entrées-sorties:	
analyse——	input-output analysis
entreposage	warehousing
	storage
entreprise	
but de l'—	company goal
	corporate goal
comité d'—(CE)	works council
croissance de l'—	corporate growth
économiste d'—	business economist
esprit d'—	entrepreneurial spirit
formation dans l'—	in-plant training
image de l'—	corporate image
jeu d'—	business game
	management game
liaisons dans l'—	channels of communication
modèle d'—	corporate model
	company model
objectif de l'—	corporate objective
philosophie de l'—	company philosophy
planification de l'—	company planning
politique de l'—	corporate policy
prévision dans l'—	business forecasting
profil d'—	company profile
stratégie de l'—	corporate strategy
structure de l'—	company structure
	corporate structure
entretien:	
—préventif	preventive maintenance
—systématique	planned maintenance
environnement	environment

prévision sur l'—	environmental forecasting
épargne:	
plan d'—*	*profit sharing scheme*
équipe:	
—de direction	management team
—de vente	sales force
chef d'—	foreman
	superintendent
prime d'—	group bonus
	group incentive
équipement:	
biens d'—	capital goods
budget d'—	capital budget
location d'—	plant hire
ergonomie	ergonomics
	human engineering
espérance de vie d'un produit	product life expectancy
espionnage industriel	industrial espionage
contre-——	industrial security
esprit d'entreprise	entrepreneurial spirit
estimation:	
—au jugé	guesstimate
—des ventes	sales estimate
établissement:	
—du budget	budgeting
—des objectifs	goal setting
—des plannings	planning
—des prix	pricing
	price determination
—des prix de revient	costing
chef d'—	works manager
	plant manager
frais d'—	set-up costs
étalement des vacances	staggered holidays
état-major	staff
étendue des responsabilités	span of control
étude:	
—de cas	case study
—des charges	cost analysis
—de conception	design engineering
—de faisabilité	feasibility study
—des implantations	plant layout study
—de marché	market research
	market survey
—des méthodes	methods study
	methods engineering

études

—de motivation	motivation research
	motivational research
—des mouvements	motion study
—des périodes	time and motion study
—de point mort	breakeven analysis
—de produit	product analysis
	product engineering
—de projet	project analysis
—de rentabilité	profitability analysis
	investment analysis
—des temps	time study
— — —et des méthodes	time and methods study
— — —et des mouvements	time and motion study
—du travail	work study
—économique	economic research
—préalable	feasibility study
—prévisionnelle	forecast
—publicitaire	advertising research

études:

bureau d'—*	*research department*
	design office
évaluation	assessment
	appraisal
—des coûts	costing
—de crédit	credit rating
—de la demande	demand assessment
—des emplois	job evaluation
—du marché	market appraisal
—des problèmes	problem assessment
—de projet	project assessment
—des résultats	performance appraisal
—des stocks	stock valuation
—financière	financial appraisal
diagnostic d'— de gestion	management audit
moyen d'—	yardstick

éventail:

—de contrôle	span of control
—de produits	product range
—de salaires	wage differential
évolution de produits	product development

examen:

—des ressources	resource appraisal
—financier	financial review

exception:

gestion par—	management by exception

exclusif:	
agent commercial—	sole agent
exécution de la politique	policy execution
exercice:	
—financier	fiscal year
	accounting period
—social	fiscal year
	accounting period
exigences de poste	job challenge
	job requirements
exigibilités	current liabilities
exigible:	
passif—	current liabilities
expédition	dispatching
	forwarding
	shipping
expérimentale:	
vente—	sales test
exploitation	operation
	production
	exploitation
—intensive	intensive production
charges d'—	running costs
	operating expenses
frais d'—	current expenditure
	working costs
exponentiel:	
lissage—	exponential smoothing
exponentielles:	
tendances—	exponential trends
expression de la politique	policy formulation
extension des tâches	job enlargement
extérieures:	
relations—	external relations
extraction de données	information retrieval

F

fabrication:	
—à la chaîne	flow production
—en série	mass production
—par lots	batch production
—pilote	pilot production
chef de—	production manager
comptabilité par—	process costing
contrôle de—	manufacturing control
directeur de—	production director

frais de—	factory expenses
procédé de—	production process
programme de—	production schedule
série économique de—	economic manufacturing quantity
facteur:	
—coût	cost factor
—de charge	load factor
facteurs de profit:	
analyse des———	profit factor analysis
faisabilité:	
étude de—	feasibility study
fermée:	
boucle—	closed loop
fiabilité	reliability
fichier central	data bank
	computer bank
	data base
fidélité à la marque	brand loyalty
files d'attente:	
théorie de——	queueing theory
filiale	subsidiary (company)
finalité	objective
financement	financing
financier:	
contrôle—	financial control
diagnostic—	financial analysis
directeur—	financial director
examen-—	financial review
plan—	financial plan
	financial planning
ratio—	financial ratio
financière:	
analyse—	financial analysis
direction—	financial management
évaluation—	financial appraisal
gestion—	financial management
	financial administration
norme—	financial standard
stratégie—	financial strategy
fixation:	
—des objectifs	target setting
—des prix	pricing
	price determination
———de transfert	transfer pricing
—de tâche	job specification

102

fixes:	
coûts—	fixed costs
frais—	fixed expenses
flambée des prix	price escalation
flexible:	
budget—	flexible budget
fluidisation	flow production
flux de l'information	information flows
fonction	function
fonctions:	
—complémentaires	support activities
—de direction	managerial functions
classification des—	job classification
définition des—	job description
fonctionnel	staff assistant
	assistant to manager
fonctionnelle:	
analyse—(AF)	functional analysis
implantation—	functional layout
organisation—	functional organisation
	staff organisation
responsabilité—	functional responsibility
fonctionnelles:	
liaisons—	functional relations
fonds:	
—d'amortissement	sinking fund
—de prévoyance	contingency reserve
—de roulement	working capital
	circulating capital
—propres*	*equity*
rendement des——	return on assets
allocation des—	budget appropriations
mobilisation des—	capital raising
mouvement de—	funds flows
forfait:	
travail à—	work by contract
formation	training
—au management	management development
—dans l'entreprise	in-plant training
—des cadres	executive training
	management training
—de capital	capital formation
—professionnelle	vocational training
—sur le tas	on-the-job training
directeur de—	training officer

frais:

—administratifs	administrative expenses
—d'établissement	set-up costs
—d'exploitation	current expenditure working costs
—de fabrication	factory expenses
—de liquidation	closing-down costs
—fixes	fixed expenses
—généraux	overheads on cost
—variables	variable expenses
récupération des—	recovery of expenses
répartition des—	cost allocation assignment of expenditure

fréquences:

distribution des—	frequency distribution
fusion	merger amalgamation

G

gâchage des prix	price cutting
gamme de produits	product line
généalogique:	
arbre—	family tree
général:	
directeur—	general manager managing director chief executive executive director
——adjoint	deputy managing director
générale:	
direction—	general management top management board
optique de la——	top management approach
généraux:	
frais—	overheads on cost
générateur de pertes	loss maker
génie industriel	industrial engineering
gérance	management
gérant	manager
gerbage	palletisation

gérer	manage (to—)
gestion	management
	administration
—automatisée	computerised management
—budgétaire	budgetary control
—cellulaire	divisional management
—commerciale	market management
—des affaires	business management
—de crédit	credit management
—des effectifs	manpower management
—des investissements	investment management
—des opérations	operations management
—de portefeuille	portfolio management
—de production	production management
	production control
—du produit	product management
—de la qualité	quality control
—des risques	risk management
—des stocks	stock control
	inventory control
	inventory management
—de trésorerie	cash management
—financière	financial management
	financial administration
—intégrée	integrated project management
—par département	divisional management
—par exception	management by exception
—par les systèmes	systems management
—prévisionnelle	budgetary control
—programmée	programmed management
—scientifique	scientific management
comptabilité de—	management accounting
conseil de—	board of directors
contrôle de—	managerial control
	management audit
	budgetary control
contrôleur de—	comptroller
	controller

diagnostic d'évaluation de—	management audit
ensemble électronique de—	electronic accounting system
grille de—	managerial grid
politique de—	business policy
procédures de—	management practices
ratio de—	management ratio
science de la—	management science
simulation de—	management game
	business game
système intégré de—	integrated management system
techniques de—	management techniques
gestionnaire	manager
	administrator

graphique:
—à tuyaux d'orgue	bar chart
—circulaire	pie chart
—d'acheminement	flow chart
	flow process chart
—des activités	activity chart
—en dents de scie	Z chart

grève:
—de compétence	official strike
—du zèle	work to rule
—non contrôlée	wildcat strike
—perlée	go-slow
—sauvage	unofficial strike
	wildcat strike
—sur le tas	sit-down strike
—surprise	walk-out
piquet de—	(strike) picket

grille:
—de gestion	managerial grid
—de produits	product group
structure en—	grid structure

groupe:
—de produits	product group
—de travail	working party
comptes de—	group accounts
diagnostic de—	T-group
production en—	batch production

groupes:
dynamique des—	group dynamics
	methectics

H

haute direction	top management
heuristique	heuristics
hiérarchie	managerial structure
	chain of command
	line of command
—de commandement	chain of command
—des objectifs	hierarchy of goals
hiérarchique:	
autorité—	line authority
directeur—	line manager
organisation—	line organisation
responsabilité—	line responsibility
	linear responsibility
voie—	line of command
hiéarchiques:	
liaisons—	line relations
histogramme	histogram
holding:	
société—	holding company
homogènes:	
méthode des sections—*	*profit centre accounting*
horizontale:	
intégration—	horizontal integration
organisation—	functional organisation
	staff organisation

I

identification d'une marque	brand recognition
image:	
—de l'entreprise	corporate image
—de marque	brand image
—de produit	product image
immatériel:	
actif—	intangible assets
immobilisation	shut-down
immobilisations	fixed assets
immobilisé:	
actif—	fixed assets
immobilisées:	
valeurs—	fixed assets
implantation fonctionnelle	functional layout
implantations:	
étude des—	plant layout study

imposés:	
prix—	resale price maintenance
imposition:	
suppression de la double—·	double taxation relief
imputation des charges	cost allocation
	apportionment of costs
incidence sur le profit	profit impact
incorporelles:	
valeurs—	intangible assets
indice:	
—de charge	load factor
—de croissance	growth index
indirect:	
coût—	indirect cost
indirecte:	
charge—	indirect expense
main-d'oeuvre—	indirect labour
industrie en croissance rapide	growth industry
industriel:	
espionnage—	industrial espionage
contre-——	industrial security
génie—	industrial engineering
industrielle:	
comptabilité—	cost accounting
	analytic accounting
démocratie—	industrial democracy
dynamique—	industrial dynamics
organisation—	industrial engineering
psychologie—	industrial psychology
industrielles:	
relations—	industrial relations
industriels:	
biens—	industrial goods
tableau d'échanges inter-—	input-output table
information:	
—de contrôle	control information
flux de l'—	information flows
manipulation de l'—	information handling
réseau d'—	information network
système d'—	information system
——de management (SIM)	management information system (MIS)

——par ordinateur	computerised information system (COINS)
théorie de l'—	information theory
traitement de l'—	information processing
	data processing
	information handling
traitement électronique de l'— (TEI)	electronic data processing (EDP)
informatique	data processing
	information technology
services en—	computer services
informelle:	
organisation—	informal organisation
ingénieur:	
—commercial	sales engineer
—-conseil	(management) consultant
input de l'ordinateur	computer input
instantanées:	
méthode des observations—	random observation method
intégration:	
—horizontale	horizontal integration
—verticale	vertical integration
intégré:	
système—de gestion	integrated management system
intégrée:	
gestion—	integrated project management
intendance:	
services d'—	ancillary operations
intensité de capital:	
ratio d'—	capital-output ratio
intensive:	
exploitation—	intensive production
intensives:	
sessions—*	*brainstorming*
inter-entreprises:	
comparaison—	inter-firm comparison
inter-industriels:	
tableau d'échanges—	input-output table
intéressement*	*share of production plan*
	financial involvement
intérêt des tâches	job interest

interne:	
audit—	internal audit
contrôle—	internal audit
services de conseil—	advisory services
taux de rendement—	internal rate of return (IRR)
interview en profondeur	depth interview
inventaire	stocktaking
—des effectifs	manpower audit
—permanent	continuous stocktaking
investi:	
capital—	capital employed
récupération du——	payback
investis:	
rentabilité des capitaux— (RCI)	return on capital employed (ROCE)
investissement:	
budget d'—	investment budget
critère d'—	investment criterion
dépenses d'—	capital expenditure
engagement d'—	capital commitment
politique d'—	investment policy
programme d'—	investment programme
investissements:	
analyse des—	investment analysis
appréciation des—	investment appraisal
budgétisation des—	capital budgeting
gestion des—	investment management
rendement des—	return on investment
rentabilité d'—	return on investment

J

jeu:	
—d'entreprise	business game
	management game
—de rôles	role playing
jeux:	
théorie des—	game theory
joie au travail	job satisfaction
jugement d'allure	performance rating

L

lancement	dispatching
	launching

—de nouveaux produits	new product launching product introduction
langage:	
—commun	common language
—machine	machine language
liaisons:	
—dans l'entreprise	channels of communication
—fonctionnelles	functional relations
—hiérarchiques	line relations
licenciement	dismissal lay-off
lieu de vente	point of sale
ligne:	
—de production	flow line
—de produits	product line
linéaire:	
programmation—	linear programming
liquidation	liquidation winding-up
frais de—	closing-down costs
liquidité:	
coefficient de—	liquidity ratio current ratio
taux de—	liquidity ratio
liquidités	liquid assets
lissage exponentiel	exponential smoothing
livraisons:	
délai de—	lead time delivery time
localisation de l'usine	plant location
location d'équipement	plant hire
logistique	logistics
logistiques:	
services—	extension services
lots:	
contrôle par—	batch control
fabrication par—	batch production
traitement par—	batch processing

M

machine:	
langage—	machine language
magasinage	warehousing storage

main-d'oeuvre

main-d'oeuvre:	
——directe	direct labour
	productive labour
——indirecte	indirect labour
mobilité de la——	labour mobility
	labour turnover
notation de la——	personnel rating
maintenir les marges	hold margins (to—)
maîtrise	supervision
	supervisory staff
	middle management
agent de—	supervisor
majoration de prix	price-increase
	mark-up
majoritaire:	
participation—	majority interest
management:	
formation au—	management development
système d'information de— (SIM)	management information system (MIS)
manipulation de l'information	information handling
manutention	materials handling
marchande:	
valeur—	market value
marché:	
——-cible	target market
—marginal	fringe market
—potentiel	market potential
—tendanciel	market potential
couverture du—	sales coverage
dynamique de—	market dynamics
étude de—	market research
	market survey
évaluation du—	market appraisal
orientation du—	market trend (short term)
part du—	market share
pénétration du—	market penetration
plan de—	market plan
	market planning
prévision du—	market forecast
	market forecasting
prix du—	market price
profil du—	market profile
pronostic du—	market forecast

saturation du—	market saturation
strates de—	market segments
stratégie de—	marketing strategy
structure du—	market structure
tendance du—	market trend (long term)
tendances du—	market forces
test de—	test marketing
marchés:	
analyse des—	market research
prospection des—	market exploration
segmentation des—	market segmentation
marge:	
—bénéficiaire	profit margin
—brute	gross margin
—nette	net margin
marges:	
maintenir les—	hold margins (to—)
marginal:	
cash flow—	incremental cash flow
coût—	marginal cost
marché—	fringe market
marginale:	
analyse—	marginal analysis
	incremental analysis
comptabilité—	marginal costing
marginaux:	
méthode des coûts—	marginal costing
marketing:	
budget de—	marketing budget
service de—	marketing department
marque	brand
	brand name
acceptabilité de la—	brand acceptance
chef de—	brand manager
fidélité à la—	brand loyalty
identification d'une—	brand recognition
image de—	brand image
notoriété de la—	brand awareness
stratégie de la—	brand strategy
masse:	
—critique	critical mass
production en—	mass production
matériel	hardware
matérielles:	
valeurs—	tangible assets
mathématique:	
programmation—	mathematical programming

matière grise	creative thinking
maximisation du profit	profit maximisation
média:	
—publicitaires	advertising media
analyse de—	media analysis
sélection de—	media selection
médiane	median
médiation	mediation
mémoire	store
	storage
	memory
mensualisation*	*change to salaried status*
mère:	
société—	parent company
mérite:	
appréciation du—	merit rating
mesure:	
—de performances	performance measurement
—de la productivité	productivity measurement
—du travail	work measurement
	ergonometrics
———par-sondage	activity sampling
méthode:	
—d'actualisation	present value method
	discounted cash flow (DCF)
—du chemin critique	critical path method
—des coûts directs	direct costing
—des coûts marginaux	marginal costing
—du coût proportionnel	direct costing
—des coûts standards	standard costing
—des observations instantanées	random observation method
—des sections homogènes*	*profit centre accounting*
—du simplexe	simplex method
—des temps prédéterminés	predetermined motion time system (PMTS)
méthodes:	
—administratives	systems and procedures
—et organisation	organisation and methods (O and M)
bureau des—*	*methods study department*

114

étude des—	methods study
	methods engineering
étude des temps et des—	time and methods study
	time and methods engineering
minoritaire:	
participation—	minority interest
mise au courant (du personnel)	induction
mission économique	economic mission
mixte:	
organisation—	line and staff organisation
mobile d'achat	purchasing motivator
mobilisation de fonds	capital raising
mobilité de la main-d'oeuvre	labour mobility
	labour turnover
mode	mode
modèle	model
—comptable	accounting model
—de décision	decision model
—d'entreprise	corporate model
	company model
moins-value	depreciation
montage:	
chaîne de—	assembly line
morphologique:	
analyse—	morphological analysis
mort:	
point—	break-even point
étude de——	break-even analysis
temps—	down time
motivation	motivation
	motivator
étude de—	motivation research
	motivational research
mouvement:	
—de fonds	funds flows
—du personnel	staff turnover
—des stocks	stock turnover
mouvements:	
économie des—	motion economy
étude des—	motion study
étude des temps et des—	time and motion study
moyen:	
—d'évaluation	yardstick
coût—	average cost

moyenne	mean
	average
moyens:	
—de production	factors of production
	input
cadres—	middle management
répartition des—	resource allocation
multiple:	
accès—	multi-access
direction—	multiple management
régression—	multiple regression
	analysis (MRA)
mutation:	
—de personnel	staff turnover
—des structures	organisational change

N

négociable:	
actif—	liquid assets
	quick assets
négociation:	
stratégie de—	negotiation strategy
négociations:	
—collectives	collective bargaining
—paritaires	joint negotiations
net:	
actif—	net assets
bénéfice—	net profit
nette:	
marge—	net margin
valeur actuelle—	net present value
	(NPV)
valeur—	net assets
	net worth
nominal:	
capital—	authorised capital
non-linéaire:	
programmation—	non-linear
	programming
normalisation	standardisation
—quantitative	variety reduction
norme	standard
—de prix de revient	cost standard
normes:	
—de production	production standards
—de rendement	performance standards

—financières	financial standards
notation de la main-d'oeuvre	personnel rating
notoriété de la marque	brand awareness
nouveaux produits:	
lancement de— —	new product launching
	product introduction
numérique	
calculateur—	digital computer
commande—	numerical control

O

OPA (offre publique d'achat)	take-over bid
OP (orientation professionnelle)	vocational guidance
OST (organisation scientifique du travail)	scientific management
objectif	target
	objective
—de l'entreprise	company objective
	corporate objective
—de production	production target
—de profit	profit target
—de vente	sales target
objectifs:	
—globaux de l'entreprise	overall company objectives
définition des—	objective setting
direction par—(DPO)	management by objectives (MBO)
établissement des—	target setting
fixation des—	target setting
hiérarchie des—	hierarchy of goals
obligations	debentures
observations instantanées:	
méthode des— —	random observation method
offre:	
—publique d'achat (OPA)	take-over bid
appel d'—(AO)	tender
opérationnel:	
dirigeant—	line executive
opérationnelle:	
direction—	operating management
organisation—	line organisation

recherche—(RO)	operations research (OR)
	operational research (OR)
opérations:	
contrôle des—	operations audit
gestion des—	operations management
planification des—<	operations planning
opinion:	
enquête d'—	opinion survey
	attitude survey
opportunité:	
coût d'—	opportunity cost
optimale:	
quantité—de commande	economic order quantity
optimisation	optimisation
—du profit	profit optimisation
sous-—	sub-optimisation
optimiser	optimise (to—)
optionnel:	
plan—d'achat d'actions	stock option plan
optique de la direction générale	top management approach
ordinateur	computer
—analogique	analogue computer
input de l'—	computer input
output de l'—	computer output
simulation par—	computer simulation
système d'information par—	computerised information system (COINS)
ordonnancement	scheduling
organigramme	organisation chart organogram
organisation	organisation management
—des bureaux	office management
—de la production	production management
—des ventes	sales management
—fonctionnelle	functional organisation staff organisation
—hiérarchique	line organisation

—horizontale	functional organisation
	staff organisation
—industrielle	industrial engineering
—informelle	informal organisation
—mixte	line and staff organisation
—opérationnelle	line organisation
—professionnelle*	*trade association*
—scientifique	scientific management
——du travail (OST)	scientific management
—verticale	line organisation
méthodes et—	organisation and methods (O and M)
planification de l'—	organisation planning
structure d'—	organisation structure
	corporate structure
théorie d'—	organisation theory
orientation:	
—du client	customer orientation
—du marché	market trend (short term)
—professionnelle (OP)	vocational guidance
output de l'ordinateur	computer output
ouvrière:	
participation—	worker participation
ouvrières:	
relations—	labour relations

P

PDG (président-directeur général)	chairman and managing director
palettisation	palletisation
panel de consommateurs	consumers' panel
paramétrique:	
programmation—	parametric programming
paritaires:	
consultations—	joint consultation
négociations—	joint negotiations
part du marché	market share
partagé:	
temps—	time sharing
participation:	
—aux bénéfices	profit sharing

—majoritaire	majority interest
—minoritaire	minority interest
—ouvrière	worker participation
prise de—*	*investment in another company*

participative:
direction—	participative management

partiel:
chômage—	redundancy
passer au crible	screen (to—)
passif	liabilities
—exigible	current liabilities
pénétration du marché	market penetration
pensée créatrice	creative thinking
percée commerciale	market thrust
perfectionnement	training development
—des cadres	management development executive development

performances:
appréciation des—	performance appraisal
mesure de—	performance measurement

période:
—de récupération	payback period
—de remboursement	payback period

périodes:
études des—	time and motion study

périphériques:
unités—	peripheral equipment

perlée:
grève—	go-slow

permanent:
inventaire—	continuous stock-taking

permanents:
capitaux—	fixed assets

personnel:
—d'encadrement	management staff
—dirigeant	management staff
administration du—	personnel management
appréciation du—	personnel rating
chef du—	personnel manager staff manager
développement—	personal growth

direction du—	personnel
	management
	staff management
	personnel department
mouvement du—	staff turnover
mutation de—	staff turnover
politique du—	personnel policy
réduction du—	staff cut-back
	redundancy
rotation du—	staff turnover
service du—	personnel department
transferts de—	staff transfers
perspectives:	
—commerciales	market prospects
—de carrière	job expectations
—de profit	profit outlook
perte:	
vente à—	loss leader
	leader merchandising
	switch selling
pertes:	
générateur de—	loss maker
pertinence:	
arbre de—	pertinence tree
philosophie de l'entreprise	company philosophy
pièce:	
travail à la—	piece work
pilote:	
fabrication—	pilot production
piquet de grève	(strike) picket
place:	
test sur—	field testing
plan	plan
	planning
—d'action	action plan
—de carrière	career planning
—de divisions	departmental planning
	departmental plan
—d'effectifs	manpower planning
—d'épargne*	*profit sharing scheme*
—de marché	market plan
	market planning
—de projet	project planning
—de travail	schedule
—financier	financial plan
	financial planning
—optionnel d'achat d'actions	stock option plan

—prévisionnel	forecast
	plan
—stratégique	strategic planning
—tactique	tactical planning
planification	planning
—à court terme	short term planning
	short range planning
—à long terme	long term planning
	long range planning
—des bénéfices	profit planning
—de l'emploi	manpower planning
—de l'entreprise	corporate planning
	company planning
—des opérations	operations planning
—de l'organisation	organisation planning
—de produit	product planning
—des systèmes	systems engineering
—des ventes	sales planning
service de—	planning department
planning	plan
	planning
	scheduling
—de distribution	distribution planning
—de la production	production planning
bureau de—	planning department
plannings:	
établissement des—	planning
plus-value	appreciation
point:	
—critique	breakeven point
—de vente	point of sale
—mort	break-even point
étude de——	break-even analysis
points:	
qualification par—	points rating method
politique:	
—de distribution	distribution policy
—de l'entreprise	company policy
	corporate policy
—de gestion	business policy
—d'investissement	investment policy
—du personnel	personnel policy
—de prix	pricing policy
—de promotion	promotional policy
—de vente	sales policy
	selling policy
—de (versement de) dividendes	dividend policy

exécution de la—	policy execution
expression de la—	policy formulation
portefeuille:	
gestion de—	portfolio management
sélection de—	portfolio selection
position concurrentielle	competitive position
poste:	
caractéristiques de—	job specification
	job characteristics
description de—	job description
	job title
exigences de—	job challenge
	job requirements
rotation des—	job rotation
postes de travail:	
analyse des— — —	job analysis
potentiel:	
—des cadres	management potential
—de croissance	growth potential
—de développement	development potential
—de vente	sales potential
acheteur—	potential buyer
marché—	market potential
pouvoirs:	
délégation des—	delegation
pratiques restrictives	restrictive practices
préalable:	
étude—	feasibility study
prédéterminés:	
méthode des temps —	predetermined motion time system (PMTS)
préparation:	
—du budget	budgeting
—des décisions	preparing decisions
présérie	pilot run
	pilot production
président	chairman
	president
—directeur général (PDG)	chairman and managing director
vice—	deputy chairman
	vice-chairman
	vice-president
prestige:	
publicité de—	corporate advertising
prêt-bail	lend-lease (leasing)

123

préventif:	
entretien—	preventive maintenance
prévision	forecast
	forecasting
—budgétaire	budget forecasting
—dans l'entreprise	business forecasting
—de l'emploi	manpower forecasting
—du marché	market forecast
	market forecasting
—de trésorerie	cash forecasting
	cash budgeting
—des ventes	sales forecast
	sales forecasting
—sur l'environnement	environmental forecasting
—technologique	technological forecast
prévisionnel:	
plan—	forecast plan
prévisionnelle:	
étude—	forecast
gestion—	budgetary control
prévoyance:	
fonds de—	contingency reserve
prime	bonus
	incentive
	premium
—collective	group bonus
	group incentive
—d'équipe	group bonus
	group incentive
primes:	
programme de—	bonus scheme
d'encouragement	incentive scheme
prise:	
—de contrôle	take-over
—de décision	decision making
—de participation*	*investment in another company*
prix:	
—du marché	market price
—différentiel	differential price
—directeur	price leader
—imposés	resale price maintenance (RPM)
—standard	standard price
	standard pricing

brader les—	cut prices (to—)
échelle des—	price range
établissement des—	pricing
	price determination
fixation des—	pricing
	price determination
fixation des—de transfert	transfer pricing
flambée des—	price escalation
gâchage des—	price cutting
majoration de—	mark-up
	price increase
politique de—	pricing policy
réduction de—	price cutting
stratégie de—	pricing strategy
structure de—	price structure
prix de revient:	
analyse du———	cost analysis
comptabilité de———	cost accounting
élément du———	cost factor
établissement des———	costing
norme de———	cost standard
probabilités:	
théorie des—	probability theory
problématiques:	
domaines—	problem areas
problème:	
analyse de—	problem analysis
évaluation de—	problem assessment
résolution d'un—	problem solving
procédé de fabrication	production process
procédure	procedure
—s de gestion	management practices
—prud'hommale*	*grievance procedure*
processus:	
—de la décision	decision process
—logistique	logistic process
commande de—	process control
régulation de—	process control
production:	
—à la chaîne	line production
	chain production
—continue	continuous flow production
—en groupe	batch production
—en masse	mass production
capacité de—	manufacturing capacity

chaîne de—	production line
	chain of production
coûts de—	production costs
gestion de—	production
	management
	production control
ligne de—	flow line
moyens de—	factors of production
	input
normes de—	production standards
objectif de—	production target
organisation de la—	production
	management
planning de la—	production planning
programmation de la—	production scheduling
quantité économique de—	economic
	manufacturing
	quantity
régulation de la—	production control
surveillance de la—	production control
	progress control
techniques de la—	production techniques
	production
	engineering
productivité	productivity
	efficiency
campagne de—	productivity campaign
	productivity drive
mesure de la—	productivity
	measurement
produit:	
—dérivé	by-product
—disponible	cash flow
amélioration de—	product improvement
analyse de—	product analysis
chef de—	product manager
comportement de—	product performance
conception de—	product design
	product conception
création de—	product generation
dessin de—	product design
développement de—	product development
étude de—	product analysis
	product engineering
gestion du—	product management
image de—	product image
planification du—	product planning
profil de—	product profile

publicité de—	product advertising
rentabilité de—	product profitability
sous-—	by-product
stratégie de—	product strategy
suppression d'un—	product abandonment
test de—	product testing
produits:	
domaine de—	product area
dynamique de—	product dynamics
éventail de—	product range
gamme de—	product line
grille de—	product group
groupe de—	product group
lancement de nouveaux—	new product launching
	product introduction
ligne de—	product line
recherche de—	product research
série de—	product line
professionnalisation	professionalisation
professionnelle:	
formation—	vocational training
organisation—*	*trade association*
orientation—(OP)	vocational guidance
profil:	
—d'acquisition	acquisition profile
—de la clientèle	customer profile
—d'entreprise	company profile
—du marché	market profile
—de produit	product profile
—de risque	risk profile
profit:	
analyse coût-—	cost-benefit analysis (CBA)
centres de—	profit centres
comptabilité par———	profit centre accounting
incidence sur le—	profit impact
maximisation du—	profit maximisation
objectif de—	profit target
optimisation du—	profit optimisation
perspective de—	profit outlook
projection de—	profit projection
stratégie du—	profit strategy
profits:	
analyse des facteurs de—	profit factor analysis
analyse volume-coûts-—	cost volume profit analysis

profondeur:	
analyse en—	depth analysis
interview en—	depth interview
programmation	programming
	scheduling
—de la production	production scheduling
—dynamique	dynamic programming
—linéaire	linear programming
—mathématique	mathematical programming
—non-linéaire	non-linear programming
—paramétrique	parametric programming
programme	programme
	routine
	schedule
—de développement	development programme
—de diagnostic	diagnostic routine
—de fabrication	production schedule
—d'investissements	investment programme
—de primes	bonus scheme
—d'encouragement	incentive scheme
programmé:	
enseignement—	programmed learning
	programmed instruction
programmée:	
gestion—	programmed management
programmes:	
—d'application	programme package
direction par—	programmed management
élaboration des—	programming
projection	projection
—de profit	profit projection
projet:	
étude de—	project analysis
évaluation de—	project assessment
plan de—	project planning
promotion:	
—des cadres	executive promotion
	executive advancement

—des ventes	sales promotion
politique de—	promotional policy
pronostic du marché	market forecast
proportionnel:	
méthode du coût—	direct costing
propres:	
capitaux—*	*capital and reserves*
fonds—*	*equity*
rendement des——	earnings on assets
	return on assets
prospect	prospective customer
	prospect
prospecter	canvass (to—)
prospection:	
—des marchés	market exploration
—sur le terrain	field research
provision pour amortissement	depreciation allowance
prud'hommale:	
procédure—*	*grievance procedure*
prud'hommes:	
conseil de—	conciliatory board
psychologie industrielle	industrial psychology
publicitaire:	
efficacité—	advertising effectiveness
étude—	advertising research
message—	advertising message
thème—	advertising theme
publicitaires:	
média—	advertising media
supports—	advertising media
publicité:	
—de prestige	corporate advertising
—de produit	product advertising
—directe	direct mail
—subliminale	subliminal advertising
agent de—	advertising agent
budget de—	advertising budget
campagne de—	advertising campaign advertising drive
directeur de la—	advertising manager
publique:	
offre—d'achat (OPA)	take-over bid
publiques:	
relations—	public relations (PR)

Q

qualification:	
—du travail	job evaluation
—par points	points rating method
qualité:	
contrôle de la—	quality control
gestion de la—	quality control
quantitative:	
normalisation—	variety reduction
quantité:	
—économique à commander	economic order quantity
—économique de production	economic manufacturing quantity
—optimale de commande	economic order quantity
quota de ventes	sales quota

R

RCB (rationalisation des choix budgétaires)*	PPBS (planning programming budgeting system) output budgeting performance budgeting programme budgeting functional costing
RCI (rentabilité des capitaux investis)	ROCE (return on capital employed)
R et D (recherche et développement)	R and D (research and development)
RO (recherche opérationnelle)	OR (operations research; operational research)
raison sociale	trade name
rapport cours-bénéfices	price-earnings ratio (P/E)
rassemblement de données	data gathering
ratio:	
—comptable	accounting ratio
—d'endettement	debt ratio
—de gestion	management ratio
—d'intensité de capital	capital-output ratio

—de trésorerie	cash ratio
—financier	financial ratio
rationalisation	rationalisation
—des choix budgétaires (RCB)*	*planning programming budgeting system* (PPBS) *output budgeting performance budgeting programme budgeting functional costing*
rationaliser	streamline (to—) rationalise (to—)
rationnement de capitaux	capital rationing
réaction	feedback
réalisable: actif—	current assets liquid assets quick assets
réalisation: auto-—	self actualisation
délai de—	lead time
réceptivité des consommateurs	consumer acceptance
recherche: —commerciale	marketing research
—des buts	goal seeking
—de produits	product research
—documentaire	information retrieval
—et développement (R et D)	research and development (R and D)
—opérationnelle (RO)	operations research (OR) operational research (OR)
service de—	research department
reconstitution de société	company reconstruction
recouvrement des dépenses	recovery of expenses
recrutement	recruitment recruiting
recueil de données statistiques	data gathering
récupération: —du capital investi	payback
—de données	information retrieval
—des frais	recovery of expense

recycle

délai de—	payback period
période de—	payback period
valeur de—	break-up value
recyclage	retraining
	booster training

réduction:
—des coûts	cost reduction
—du personnel	staff cut-back
	redundancy
—de prix	price cutting

réel:
temps—	real time
réévaluation des actifs	re-evaluation of assets

référence:
temps de—	standard time
refus de vente*	*refusal to supply — a restrictive practice*

régression	regression analysis
—multiple	multiple regression analysis (MRA)
analyse de—	regression analysis

régulation:
—de processus	process control
—de la production	production control

réinvesti:
bénéfice—	ploughback

relations:
—avec les employés	employee relations
—d'affaires	business relations
—du travail	labour relations
—extérieures	external relations
—humaines	human relations
—industrielles	industrial relations
—ouvrières	labour relations
—publiques	public relations (PR)
—syndicales	industrial relations

remboursement:
période de—	pay-back period

remplacement:
coût de—	replacement cost
rémunération des cadres	executive remuneration
	executive compensation

rendement	yield
	return
	output
	efficiency

—au travail	job performance
—de capital	return on capital
—des fonds propres	earnings on assets
	return on assets
—des investissements	return on investment
—standard	standard performance
appréciation du—	performance appraisal
normes de—	performance standards
salaire au—	incentive wage
taux de—	rate of return
———interne	internal rate of return (IRR)
rentabilité	profitability
	rate of return
	productivity
	pay-off
—des capitaux investis (RCI)	return on capital employed (ROCE)
—d'investissements	return on investment
—de produit	product profitability
—des ventes	return on sales
amélioration de la—	profit improvement
analyse de la—	profitability analysis
étude de—	investment analysis
	profitability analysis
seuil de—	break-even point
réorganisation	reorganisation
	redeployment
répartition:	
—de capitaux	capital structure
—des frais	cost allocation
	assignment of expenditure
—des moyens	resource allocation
—des responsabilités	allocation of responsibilities
repère:	
chiffre—	benchmark
représentation analogique	analogue representation
réputation de solvabilité	credit rating
réseau:	
—de communications	communications network
—de distribution	distribution network
—d'information	information network

analyse de—	network analysis
résistance des consommateurs	consumer resistance
résolution d'un problème	problem solving
responsabilité:	
—fonctionnelle	functional responsibility
—hiérarchique	line responsibility
	linear responsibility
centre de—	responsibility centre
zone de—	jurisdiction
responsabilités:	
étendue des—	span of control
répartition des—	allocation of responsibilities
ressort	jurisdiction
	accountability
ressources:	
—et emplois de capitaux	source and disposition of funds
affectation des—	resource allocation
allocation des—	resource allocation
examen des—	resource appraisal
restrictives:	
pratiques—	restrictive practices
restructuration	restructuring
	reorganisation
—du travail	work structuring
résultat de sortie	output (data)
résultats:	
évaluation des—	performance appraisal
retombées	spin-off effects
	spill-over effects
retraite	retirement
rétroaction	feedback
réunion du conseil d'administration	board meeting
révision comptable	audit
risque:	
profil de—	risk profile
risques:	
analyse des—	risk analysis
appréciation des—	risk assessment
capital—	risk capital
gestion des—	risk management
rôles:	
jeu de—	role playing
rotation:	
—des capitaux	asset turnover

—du personnel	staff turnover
—des postes	job rotation
—des stagiaires	trainee turnover
—des stocks	stock turnover
	inventory turnover

roulants:
    capitaux—   circulating capital

roulement:
    fonds de—   working capital
                        circulating capital

rupture de stock   out of stock

S

SdT (simplification du travail)	job simplification work simplification
SIM (système d'information de management)	MIS (management information system)
salaire:	
—au rendement	incentive wage
—stimulant	incentive wage
salaires:	
éventail de—	wage differential
structure des—	wage structure salary structure
salle du conseil	board room
satisfaction:	
—dans le travail	job satisfaction
—du consommateur	consumer satisfaction
saturation du marché	market saturation
sauvage:	
grève—	unofficial strike wild cat strike
science:	
—du comportement	behavioural science
—de la gestion	management science
scientifique:	
gestion—	scientific management
organisation—	scientific management
——du travail (OST)	scientific management
scission d'actif	divestment (of assets)
secteur de croissance	growth area
sections homogènes:	
méthode des——*	*profit centre accounting*
sécurité:	
—de l'emploi	job security

accord sur la————*	job security agreement
	productivity agreement
stock de—	safety stock
	safety bank
segmentation des marchés	market segmentation
sélectif:	
accès—	random access
sélection:	
—des médias	media selection
—de portefeuille	portfolio selection
semi-variables:	
coûts—	semi-variable costs
sensibiliser	sensitise (to—)
séparation des tarifs	unbundling
séquentiel:	
enseignement—	programmed learning
séquentielle:	
analyse—	sequential analysis
série:	
—chronologique	time series
—de produits	product line
—économique de fabrication	economic manufacturing quantity
effectif de—économique	economic batch quantity
fabrication en—	mass production
pré—	pilot run
	pilot production
service:	
—à la clientèle	customer service
—après-vente	after-sales service
—de marketing	marketing department
—de planification	planning department
—du personnel	personnel department
—de recherche	research department
—technique	engineering department
services:	
—commerciaux	sales department
	marketing department
—comptables	accounts department
	accounting department
—de conseil interne	advisory services
—d'intendance	ancillary operations
—en informatique	computer services

136

—logistiques	extension services
sessions intensives*	*brainstorming*
seuil de rentabilité	break-even point
siège social	head office (legal)
simplexe:	
méthode du—	simplex method
simplification du travail	job simplification
(SdT)	work simplification
simulation	simulation
—de gestion	business game
	management game
—par ordinateur	computer simulation
simuler	simulate (to—)
social:	
capital—	authorised capital
exercice—	fiscal year
	accounting period
siège—	head office (legal)
sociale:	
raison—	trade name
sociaux:	
avantages—	fringe benefits
société:	
—affiliée	associate company
	affiliate company
—apparentée	associate company
	affiliate company
—de software	software firm
—holding	holding company
—mère	parent company
reconstitution de—	company reconstruction
software:	
courtier en—	software broker
société de—	software firm
solvabilité:	
réputation de—	credit rating
sondage:	
—aléatoire	random sampling
mesure du travail par—	activity sampling
sortie—	(computer) output
résultat de—	output (data)
sources d'emprunt	borrowing facilities
sous:	
—capitalisé	under capitalised
—chef	assistant manager
—directeur	assistant manager
	vice-president

souscrit

—-optimisation	sub-optimisation
—-produit	by-product
—-traitance	sub-contracting

souscrit:
capital—	issued capital

spécification de la fonction	job specification

stagiaires:
rotation des—	trainee turnover

standard:
prix—	standard price
	standard pricing
rendement—	standard performance
temps—	standard time

standards:
—budgétaires	budget standards
	budgetary standards
coûts—	standard costs
méthode des——	standard costing

statistique:
contrôle—	statistical control

statistiques:
receuil de données—	data gathering

stimulant:
—compétitif	competitive stimulus
salaire—	incentive wage

stock:
—de sécurité	safety stock
	safety bank
—tampon	safety stock
	buffer stock
rupture de—	out of stock

stocks:
contrôle des—	stock control
	inventory control
évaluation des—	stock valuation
gestion des—	stock control
	inventory control
	inventory management
mouvement des—	stock turnover
rotation des—	stock turnover
	inventory turnover

strates de marché	market segments

stratégie:
—commerciale	marketing strategy
—des affaires	business strategy
—des cadres	executive manpower strategy

—de croissance	growth strategy
	expansion strategy
—de diversification	diversification strategy
—de l'entreprise	corporate strategy
	company strategy
—de marché	marketing strategy
—de la marque	brand strategy
—de négociation	negotiation strategy
—de prix	pricing strategy
—de produit	product strategy
—de profit	profit strategy
—de survie	survival strategy
—de l'utilisateur	user strategy
—défensive	defensive strategy
—financière	financial strategy
application de—	strategy implementation
élaboration de—	strategy formulation
stratégique:	
plan—	strategic planning
	strategic plan
structuration	structuring
structure	structure
	organisation structure
—d'autorité	authority structure
—des coûts	cost structure
—de l'entreprise	company structure
	corporate structure
—du marché	market structure
—d'organisation	organisation structure
	corporate structure
—de prix	price structure
—des salaires	wage structure
	salary structure
—en grille	grid structure
structures:	
mutation des—	organisational change
structurer	structure (to—)
style de direction	managerial style
	leadership
suggestions:	
système de—	suggestion scheme
supérieurs:	
cadres—	top management
supports publicitaires	advertising media

suppression

suppression:	
—de la double imposition	double taxation relief
—d'un produit	product abandonment
surcapacité	excess capacity
surcapitalisé	over-capitalised
surveillance:	
—de la production	production control progress control
conseil de—*	*supervisory board*
surveillant	supervisor
survie:	
stratégie de—	survival strategy
syndical:	
délégué—	trade union representative
syndicales:	
relations—	industrial relations
syndicat (ouvrier)	trade union
synergie	synergy
systématique:	
entretien—	planned maintenance
systématisée:	
direction—	systems management
systématiser	systematise (to—)
système	system
—de direction	management system
—d'information	information system
——de management (SIM)	management information system (MIS)
——par ordinateur	computerised information system (COINS)
—de suggestions	suggestion scheme
—intégré de gestion	integrated management system
systèmes:	
analyse des—	systems analysis
conception des—	systems design
gestion par les—	systems management
planification des—	systems engineering
théorie des—	systems theory

T

TAD (traitement automatique des données)	ADP (automatic data processing)

TEI (traitement électronique de l'information)	EDP (electronic data processing)
TVA (taxe à la valeur ajoutée)	VAT (value added tax)
tableau:	
—de bord	management chart
—d'échanges inter-industriels	input-output table
tâches:	
affectation des—	job assignment
amélioration des—	job improvement
analyse des—	operations analysis
conception des—	job design
décomposition des—	operations breakdown
	job breakdown
extension des—	job enlargement
fixation des—	job specification
intérêt des—	job interest
tactique:	
plan—	tactical plan
	tactical planning
tampon:	
stock—	safety stock
	buffer stock
tangibles:	
valeurs—	tangible assets
tarifs:	
séparation des—	unbundling
tas:	
formation sur le—	on-the-job training
grève sur le—	sit down strike
taux:	
—de couverture	cover ratio
—de charge	load factor
—de liquidité	liquidity ratio
—de rendement	rate of return
———interne	internal rate of return (IRR)
taxe à la valeur ajoutée (TVA)	value added tax (VAT)
technique:	
directeur—	technical manager
	works manager
service—	engineering department
techniques:	
—de gestion	management techniques

technologique

—de la production	production techniques
	production engineering

technologique:
prévision—	technological forecasting

temps:
—d'arrêt	down time
—de référence	standard time
—mort	down time
—partagé	time sharing
—réel	real time
—standard	standard time
étude des—	time study
———et des méthodes	time and methods study
	time and methods engineering
———et des mouvements	time and motion study
tendance du marché	market trend (long term)

tendances:
—du marché	market forces
—exponentielles	exponential trends

tendanciel:
marché—	market potential

terrain:
prospection sur le—	field research
territoire de vente	sales area
	sales territory
	trading area

test:
—d'aptitude	aptitude test
—de marché	test marketing
—de produit	product testing
—de vente	market test
—sur place	field testing
thème publicitaire	advertising theme

théorie:
—administrative	administrative theory
—des communications	communications theory
—des décisions	decision theory
—de files d'attente	queueing theory
—de l'information	information theory
—des jeux	game theory
—d'organisation	organisation theory
—des probabilités	probability theory

—des systèmes	systems theory
traitement:	
—automatique des données (TAD)	automatic data processing (ADP)
—de l'information	data processing
	information processing
	information handling
—électronique de l'information (TEI)	electronic data processing (EDP)
—par lots	batch processing
transfert:	
—de personnel	staff transfer
fixation des prix de—	transfer pricing
travail:	
—à forfait	work by contract
—à la pièce	piece work
—en cours	work in progress
adaptation du—à l'homme	ergonomics
	human engineering
analyse des postes de—	job analysis
analyse du—	job analysis
charge de—	work load
compétence dans le—	job competence
conflit du—	labour dispute
contenu du—	work content
	job content
cycle de—	work cycle
élargissement du—	job enlargement
enrichissement du—	job enrichment
étude du—	work study
groupe de—	working party
joie au—	job satisfaction
mesure du—	work measurement
	ergonometrics
———par sondage	activity sampling
organisation scientifique du—(OST)	scientific management
plan de—	schedule
qualification du—	job evaluation
relations du—	labour relations
rendement au—	job performance
restructuration du—	work structuring
satisfaction dans le—	job satisfaction
simplification du—(SdT)	job simplification
	work simplification
trésorerie	cash
budget de—	cash budget

truquage (du bilan)

coefficient de—	cash ratio
gestion de—	cash management
prévision de—	cash forecasting
	cash budgeting
ratio de—	cash ratio
truquage (du bilan)	window dressing
turnover des employés	staff turnover
tuyaux d'orgue:	
graphique à——	bar chart

U

unités périphériques	peripheral equipment
usine:	
capacité de l'—	plant capacity
directeur d'—	plant manager
	works manager
localisation de l'—	plant location
utilisateur:	
stratégie de l'—	user strategy
utilisateurs:	
attitude des—	user attitude
utilisation de la capacité	capacity utilisation

V

vacances:	
étalement des—	staggered holidays
valable	viable
valeur:	
—actuelle nette	net present value (NPV)
—ajoutée	value added
taxe à la——(TVA)	value added tax (VAT)
—comptable	book value
—des actifs	asset value
—de récupération	breakup value
—marchande	market value
—nette	net assets
	net worth
—vénale	market value
analyse de la—	value analysis (VA)
concept de—	value concept
valeurs:	
—immobilisées	fixed assets
—incorporelles	intangible assets
—matérielles	tangible assets
—tangibles	tangible assets

variables:	
coûts—	variable costs
frais—	variable expenses
variance	variance
analyse de—	variance analysis
vénale:	
valeur—	market value
vente:	
—à perte	loss leader
	leader merchandising
	switch selling
—directe	direct selling
—expérimentale	sales test
arguments de—	sales talk
chef de—	sales manager
équipe de—	sales force
lieu de—	point of sale
objectif de—	sales target
point de—	point of sale
politique de—	selling policy
	sales policy
potentiel de—	sales potential
refus de—*	*refusal to supply—a restrictive practice*
service après-—	after-sales service
territoire de—	sales area
	sales territory
	trading area
test de—	market test
ventes:	
administration des—	sales management
analyse des—	sales analysis
animation des—	sales drive
direction des—	sales management
	sales department
estimation des—	sales estimate
organisation des—	sales management
planification des—	sales planning
prévision des—	sales forecast
	sales forecasting
promotion des—	sales promotion
quota de—	sales quota
rentabilité des—	return on sales
volume de—	sales volume
vérificateur des comptes	auditor
	controller
	comptroller

145

vérification des comptes	audit
	auditing
versement de dividendes:	
politique de———	dividend policy
verticale:	
intégration—	vertical integration
organisation—	line organisation
viabilité	viability
vice-président	vice-president
	vice-chairman
	deputy chairman
vie:	
—économique (d'un produit)	economic life (of a product)
durée de——	economic life
courbe de— (d'un produit)	product life cycle
cycle de— (d'un produit)	product life cycle
espérance de—(d'un produit)	product life expectancy
vieillissement	obsolescence
voie hiérarchique	line of command
voies de communication	channels of communication
volume de ventes	sales volume

Z

zèle:	
grève du—	work to rule
zone de responsabilité	jurisdiction
zones critiques	problem areas

146